Janna K. Schweim

Untersuchungen zum Arzneimittelversandhandel aus Verbrauchersicht

SCHRIFTENREIHE MASTERSTUDIENGANG CONSUMER HEALTH CARE

herausgegeben von Prof. Dr. Marion Schaefer

ISSN 1869-6627

1 *Lena Harmann*
Patienteninformation und Shared Decision Making im Lichte des Publikumswerbeverbotes für verschreibungspflichtige Arzneimittel
ISBN 978-3-8382-0056-9

2 *Janna K. Schweim*
Untersuchungen zum Arzneimittelversandhandel aus Verbrauchersicht
ISBN 978-3-8382-0071-2

In Vorbereitung:

Ansgar Muhle
Vergleich von führenden deutschen Gesundheitsportalen unter Berücksichtigung der gängigen Qualitätssiegel
ISBN 978-3-8382-0086-6

Karin Agor
Zur Evaluation eines multizentrischen Versorgungsmodells für die Notfallversorgung von Patienten mit akutem Koronarsyndrom im Rahmen des Projektes ‚Hamburg gegen den Herzinfarkt' (2005)
ISBN 978-3-8382-0090-3

Ursula Sellerberg
Vergleich und Bewertung ausgewählter verbraucherorientierter Heilpflanzen-Datenbanken im Internet
ISBN 978-3-8382-0092-7

Janna K. Schweim

UNTERSUCHUNGEN ZUM ARZNEIMITTELVERSANDHANDEL AUS VERBRAUCHERSICHT

ibidem-Verlag
Stuttgart

Bibliografische Information der Deutschen Nationalbibliothek
Die Deutsche Nationalbibliothek verzeichnet diese Publikation in der Deutschen Nationalbibliografie; detaillierte bibliografische Daten sind im Internet über http://dnb.d-nb.de abrufbar.

Bibliographic information published by the Deutsche Nationalbibliothek
Die Deutsche Nationalbibliothek lists this publication in the Deutsche Nationalbibliografie; detailed bibliographic data are available in the Internet at http://dnb.d-nb.de.

∞

Gedruckt auf alterungsbeständigem, säurefreien Papier
Printed on acid-free paper

ISSN: 1869-6627

ISBN-10: 3-8382-0071-3
ISBN-13: 978-3-8382-0071-2

Printed in Germany

Inhalt

Abkürzungen

ABDA	Bundesvereinigung Deutscher Apothekerverbände
AgV	Arbeitsgemeinschaft der Verbraucherverbände
AMG	Gesetz über den Verkehr mit Arzneimitteln
ApBetrO	Verordnung über den Betrieb von Apotheken
ApoG	Gesetz über das Apothekenwesen
AZ	Apotheker Zeitung
BMG	Bundesministerium für Gesundheit
BVerwG	Bundesverwaltungsgericht
CASA	The National Center on Addiction and Substance Abuse
CATI	Computer-Assisted Telephone Interview
DAV	Deutscher Apothekerverband
DAZ	Deutsche Apotheker Zeitung
DIMDI	Deutsches Institut für Medizinische Dokumentation und Information
EAASM	European Alliance for Access to Safe Medicines
EuGH	Europäischer Gerichtshof
FOFAD	Forschungsstelle für Arzneimitteldistribution
GfK	Eigenname, abgeleitet von „Growth from Knowledge“
GMG	Gesetz zur Modernisierung der gesetzlichen Krankenversicherung
GPI	Gesellschaft für Pharma-Informationssysteme
HWG	Gesetz über die Werbung auf dem Gebiete des Heilwesens
IfH	Institut für Handelsforschung
LG	Landgericht
OLG	Oberlandesgericht
OTC	Over The Counter (in Deutschland bedeutungsgleich mit nicht verschreibungspflichtig)
PDF	Portable Document Format
PHAGRO	Bundesverband des Pharmazeutischen Großhandels
QDA	Qualitative Datenanalyse
RTF	Rich Text Format
Rx	englisches Kürzel für verschreibungspflichtig
StGB	Strafgesetzbuch
UVP	unverbindliche Preisempfehlung
UWG	Gesetz gegen den Unlauteren Wettbewerb

1. Einleitung

In Deutschland ist der Versandhandel mit freiverkäuflichen, apotheken- und verschreibungspflichtigen Arzneimitteln mit Inkrafttreten des Gesetzes zur Modernisierung der gesetzlichen Krankenversicherung, kurz GKV-Modernisierungsgesetz (GMG), zum 1. Januar 2004 erlaubt worden. Seitdem beinhaltet die Vorschrift §43 Abs. 1 S. 1 des Arzneimittelgesetzes (AMG) ein sogenanntes Versandverbot mit Erlaubnisvorbehalt, welches den Versandhandel mit Arzneimitteln untersagt, es sei denn, dass eine behördliche Erlaubnis gemäß den Vorgaben des Apothekengesetzes (ApoG) erteilt worden ist. Bis zu dieser Änderung enthielt die alte Fassung derselben Vorschrift noch ein ausdrückliches Verbot des Versands von apothekenpflichtigen Arzneimitteln, welches im Rahmen des 8. AMG-Änderungsgesetzes vom 7. September 1998 seinen Eingang in den Gesetzestext fand. Diese Norm unterschied sich von der heutigen Fassung nur insoweit, als sie keine Möglichkeit einer behördlichen Erlaubnis für das In-Verkehr-Bringen im Wege des Versands einräumte. Darüberhinaus war im Zuge der 8. AMG-Änderungsnovelle in §43 Abs. 1 S. 2 AMG alte Fassung ein zusätzliches Verbot aufgenommen worden, wonach grundsätzlich außerhalb der Apotheken mit den nach Satz 1 den Apotheken vorbehaltenen Arzneimitteln kein Handel getrieben werden durfte. Die Bedeutung der Aufnahme des ausdrücklichen Versandverbots in das AMG wurde im Gesetzgebungsverfahren betont und damit begründet, dass „im Hinblick auf die Beratung durch den Apotheker [...] ein Versand dieser Arzneimittel keine adäquate Abgabeform“ darstellt[1]. Für die Auffassung, dass der Gesetzgeber im Jahre 1998 diesem Verbot ein erhebliches eigenständiges Gewicht verleihen wollte, spricht die Aufnahme ins AMG, obwohl der Arzneimittelversand bereits seit 1994 verordnungsrechtlich gemäß §17 Abs. 1 alte Fassung der Apothekenbetriebsordnung (ApBetrO) im Grundsatz verboten war[2]. Mehrere Umstände hätten daher die Abschaffung des Versandverbots von Arzneimitteln dem Grunde nach überflüssig gemacht: In eng begrenzten Einzelfällen kam auch in der früheren Fassung des AMG ein Versand im Interesse der Arzneimittelversorgung und als Ausprägung des drittschützenden Charakters der Normen des AMG zum Individualschutz des einzelnen Bürgers in Betracht[3]. Darüberhinaus ermöglichten die in den §§44, 45 AMG alte Fassung vorgesehenen Ausnahmen von der Apothekenpflicht schon immer einen Vertrieb bestimmter Produkte im Wege des Versands, wobei diese Produkte nicht an Endverbraucher weitergegeben oder zur Deckung des Eigenbe-

[1] Vgl. Amtliche Begründung v. 29.12.1997, BR-Ds. 1029/97, S. 31/32.

[2] Vgl. 1. ÄnderungsVO zur AoBetrO v. 09.08.1994, vgl. BVerwG DVBl. 1999, 43, 44.

[3] Vgl. Rolfes, M.: Internetapotheken (2003), 101/102.

darfs verwendet werden durften. Zudem sah der §47 AMG alte Fassung vor, dass das Versandverbot nicht im Falle der Belieferung bestimmter Empfänger mit apothekenpflichtigen Arzneimitteln durch einen pharmazeutischen Unternehmer oder Großhändler gelten sollte[4].

Urteil des EuGH zum Versandhändler „DocMorris“

Die rechtliche Gestattung des Vertriebs von Medikamenten auch im Wege des Versands geht zurück auf ein Urteil des Europäischen Gerichtshofs (EuGH) vom 11. Dezember 2003[5], das als Vorabentscheidung auf Vorlage des Landgerichts (LG) Frankfurt am Main in der Sache DocMorris vom 10. August 2001 ergangen ist. Entgegen anderslautenden Vermutungen in Laienkreisen erfolgte die deutsche Gesetzesänderung jedoch nicht als Umsetzung dieses Urteils. Das GMG war bereits am 14. November 2003 und somit fast einen Monat vor Erlass des EuGH-Urteils „DocMorris“ im deutschen Bundestag mit Zustimmung des Bundesrates beschlossen worden, trat aber erst knapp drei Wochen nach Verkündung der Gerichtsentscheidung in Kraft. Dennoch kann dieses Urteil als Wegbereiter für die Änderung des deutschen AMG im Hinblick auf den Arzneimittelversandhandel betrachtet werden.

Die Aufgabe des EuGH in der Vorabentscheidungssache des Deutschen Apothekerverbandes e.V. gegen die – damals noch unter dem Namen „0800 Doc Morris BV“ firmierende – Versandapotheke DocMorris bestand in der Überprüfung der Vereinbarkeit des früheren deutschen Versandverbots für Arzneimittel in §43 Abs. 1 S. 1 AMG alte Fassung sowie entsprechender Werbeverbote mit dem europäischen Gemeinschaftsrecht und insbesondere dem Grundsatz des freien Warenverkehrs gemäß Art. 28 ff. EG-Vertrag. Stein des Anstoßes war die Aufnahme der Geschäftstätigkeit der in den Niederlanden ordnungsgemäß zugelassenen Apotheke DocMorris als erste europäische Internet-Apotheke im Juni 2000, die zu diesem Zeitpunkt begann, freiverkäufliche und verschreibungspflichtige Arzneimittel an deutsche Endverbraucher im Wege des Versands zu liefern. Als Interessensvertretung der deutschen Apothekerschaft vertrat der Deutsche Apothekerverband e.V. (DAV) die Ansicht, dass EU-ausländische Internet-Apotheken – und insbesondere auch DocMorris – durch ihre Geschäftstätigkeit in Deutschland gegen das frühere arzneimittelrechtliche Versandverbot sowie Werbeverbote nach dem Heilmittel-

[4] Vgl. Rolfes, M.: Internetapotheken (2003), 102.
[5] EuGH, Urteil v. 11.12.2003, Rs. C-322/01 (DocMorris).

werbegesetz (HWG) verstoßen und zugleich wettbewerbswidrig handeln im Sinne des Gesetzes gegen den Unlauteren Wettbewerb (UWG). Auf den Antrag des DAV und eines – namentlich nicht genannten – deutschen Pharmaunternehmens untersagte das Landgericht (LG) Frankfurt am Main DocMorris durch einstweilige Verfügung die Geschäftstätigkeit in Deutschland[6], die Entscheidung wurde, wenn auch mit abweichender Begründung, durch das Berufungsurteil des Oberlandesgerichts (OLG) Frankfurt am Main bestätigt[7]. Aufgrund von Zweifeln an der Konformität des früheren deutschen Versandverbots und der übrigen strittigen Rechtsvorschriften mit dem europäischen Gemeinschaftsrecht, setzte das LG Frankfurt am Main das Hauptsacheverfahren aus und legte dem EuGH gemäß Art. 234 EG-Vertrag drei Fragen hinsichtlich der Vereinbarkeit der genannten deutschen Regelungen zum Arzneimittelversand mit Art. 28 und Art. 30 EG-Vertrag zur Vorabentscheidung vor.

Im Ergebnis hielt der EuGH das Versandverbot in der früheren Fassung des §43 Abs. 1 AMG und das Werbeverbot für den Versand von Arzneimitteln gemäß §8 Abs. 1 HWG alte Fassung für gemeinschaftsrechtskonform, soweit es sich auf nicht zugelassene und verschreibungspflichtige, zugelassene Arzneimittel bezieht. Hingegen darf nach Auffassung des EuGH der Versandhandel mit nicht verschreibungspflichtigen, zugelassenen Arzneimitteln und die entsprechende Werbung hierfür, wegen des europäischen Grundsatzes des freien Warenverkehrs, von keinem europäischen Mitgliedsstaat verboten werden.

Im Rahmen seiner Entscheidung differenziert der EuGH einerseits ausdrücklich zwischen nicht zugelassenen und zugelassenen sowie andererseits zwischen nicht verschreibungspflichtigen und verschreibungspflichtigen Arzneimitteln. Die letztere Unterscheidung begründet sich aus der Feststellung, dass von den verschreibungspflichtigen Arzneimitteln potenziell größere Gefahren ausgehen und daher die Arzneimittelversorgung in dieser Kategorie eine strengere Kontrolle erfordert[8]. Daher ist, nach Ansicht des EuGH, das Risiko der Fälschung oder missbräuchlichen Verwendung einer ärztlichen Verschreibung geeignet, ein nationales Verbot des Versandhandels in Bezug auf rezeptpflichtige Arzneimittel gemäß Art. 30 EG-Vertrag zu rechtfertigen. Diesen Überlegungen haben der deutsche Gesetzgeber und die deutsche Gesundheitspolitik keine Rechnung getragen als sie – Kritiker

[6] Vgl. LG Frankfurt am Main, ZIP 2000, 2080ff.
[7] Vgl. OLG Frankfurt am Main, ZIP 2001, 1164ff.
[8] Vgl. EuGH, Urteil v. 11.12.2003, Rs. C-322/01 in GRUR 2004, 174, 177.

würden sagen in vorauseilendem Gehorsam – in Deutschland den Arzneimittelversandhandel für jegliche Art von Medikamenten gestatteten.

Aber auch die Entscheidung des EuGH hinsichtlich der nicht verschreibungspflichtigen Arzneimittel bietet Anlass zur Kritik: So wird zum Beispiel die Meinung vertreten, dass die durch Arzneimittelfehlgebrauch und Arzneimittelmissbrauch bedingten Gefahren für die Gesundheit des deutschen Endverbrauchers auch ein Versandverbot für apothekenpflichtige Arzneimittel gemäß Art. 30 EG-Vertrag rechtfertigen[9]. Die Vorschrift des §43 Abs. 1 S. 1 AMG alte Fassung sollte sicherstellen, dass der Endverbraucher beim Arzneimittelerwerb eine persönliche und qualifizierte Beratung durch einen Apotheker erhält, die beim Kauf im Internet, der unter Abwesenden stattfindet, nicht in gleicher Weise gewährleistet ist[10]. Die vom EuGH als gleichwertig betrachteten Beratungsalternativen in schriftlicher Form, telefonisch oder per E-Mail sind insofern höchst problematisch, als die Beratung per E-Mail oder Telefon nur auf Initiative des Käufers erfolgt und somit der eindeutigen Formulierung des §20 Abs. 1 S. 1 ApBetrO widerspricht, die dem sachkundigen Apotheker die Pflicht zur Beratung und zur Entscheidung über den Umfang des Beratungsbedarfs im konkreten Fall auferlegt[11]. Gerade in Bezug auf nicht verschreibungspflichtige Arzneimittel wird eine persönliche Beratung gemäß §20 Abs. 1 S. 3 ApBetrO für wichtiger erachtet als bei den verschreibungspflichtigen Medikamenten, bei denen – zumindest theoretisch – eine zusätzliche Beratung durch den verschreibenden Arzt stattfindet. Hingegen ist der Apotheker bei apothekenpflichtigen Arzneimitteln die alleinige Kontrollinstanz zur Verhinderung von Arzneimittelfehlgebrauch und -missbrauch[12]. In diesem Zusammenhang stellt die mündliche Beratung in der Nationalsprache des Patienten einen zusätzlichen Sicherheitsaspekt dar. Um Arzneimittelmissbrauch, wie gemäß §17 Abs. 8 ApBetrO vorgeschrieben, verhindern und gegebenenfalls die Abgabe eines für den individuellen Fall unzweckmäßigen Arzneimittels auch verweigern zu können, muss der Apotheker den Missbrauch jedoch zunächst feststellen können. Dies ist ihm jedoch nur bei Anwesenheit des Kunden in den Apothekenbetriebsräumen, aber nicht bei der Bestellung übers Internet möglich. Das Internet eröffnet auch – in höherem Maße als der Kauf in der öffentlichen Apotheke – die Möglichkeit, die

[9] Vgl. Harmsen, A.: E-Commerce mit Arzneimitteln (2007), 83.
[10] Vgl. Amtliche Begründung v. 29.12.1997, BR-Ds. 1029/97, 31/32.
[11] Vgl. Harmsen, A.: E-Commerce mit Arzneimitteln (2007), 66/67.
[12] Vgl. Harmsen, A.: E-Commerce mit Arzneimitteln (2007), 68.

restriktive Abgabe von Medikamenten, in den dem üblichen persönlichen Bedarf entsprechenden Mengen, durch zahlreiche Einzelbestellungen zu umgehen[13].

Gesundheitsgefahren für den deutschen Endverbraucher bestehen sowohl durch nicht zugelassene als auch durch zugelassene Internet-Apotheken: So haben Experimente wie beispielsweise die „Fake Versandapotheke" gezeigt, wie einfach es ist sich im Internet als zugelassene Apotheke auszugeben und den Versand von Arzneimitteln anzubieten[14]. Als reales Beispiel für einen illegal operierenden Arzneimittel-Versender bietet sich der Fall von „My Canadian Pharmacy" an: Auf Ihrer Internetseite wurde mit frei erfundenen Siegeln der US-Gesundheitsbehörde geworben sowie eine nicht existente Firmenadresse in Toronto angegeben[15]. Recherchen des US-amerikanischen Softwareherstellers „Ironport" ergaben, dass die Internetseite von einer Firma in Kalifornien betrieben und die zu Testzwecken bestellten Viagra-Tabletten, die keinerlei Wirkstoff enthielten, in einer Fälscherwerkstatt in Indien hergestellt wurden. Nach Übergabe des Recherche-Materials an die US-Ermittlungsbehörde FBI wurde die betreffende Internetseite gesperrt. Während diese illegalen Internetapotheken einerseits den Kunden mit verunreinigten, gefälschten oder in sonstiger Weise schädlichen Medikamenten beliefern könnten, birgt ein nicht ordnungsgemäßer Arzneimittelversand durch zugelassene Apotheken andererseits das Risiko von Qualitätsminderungen der Haltbarkeit und Wirkungsweise der Arzneimittel in sich[16]. Alle diese Argumente sprechen für die Rechtfertigung des früher geltenden ausdrücklichen Versandhandelsverbots, da alle anderen, weniger einschneidenden Maßnahmen wie Verbraucheraufklärung, freiwillige Verhaltensrichtlinien der Internetapotheken, behördliche Verwarnungen, Qualitäts- oder Gütesiegel, elektronische Signaturen oder die Schaffung einer Zulassungspflicht für Internetapotheken die potentielle Gefahr für die menschliche Gesundheit nicht mit gleicher Effektivität verhindern können[17]. Solange keine EU-weite Regelung zur Gestaltung eines sicheren Internet-Versandhandels mit apothekenpflichtigen Arzneimitteln existiert, hätte die Behinderung des freien Wa-

[13] Vgl. Harmsen, A.: E-Commerce mit Arzneimitteln (2007), 69.

[14] Vgl. Grossmann, U., Th.: Ein Kilo Fake-Viagra bringt 90.000 Euro, in: Pharm. Zeitung 24 (2008), vgl. http://www.harald-schweim.de/Registrierte%20Versandapotheke-fake.htm.

[15] Vgl. Donner, J., Th.: Blaue Pillen im Briefkasten, in: Süddeutsche Zeitung v. 15.02.2007, vgl. http://www.sueddeutsche.de/computer/603/322471/text/.

[16] Vgl. Harmsen, A.: E-Commerce mit Arzneimitteln (2007), 69.

[17] Vgl. Harmsen, A.: E-Commerce mit Arzneimitteln (2007), 72-81.

renverkehrs zugunsten des Schutzes der öffentlichen Gesundheit weiterhin in Kauf genommen werden können[18].

Aktuelle politische Vorstöße

Die insbesondere vom Bundesgesundheitsministerium und den Krankenkassen – in Erwartung erheblicher Kosteneinsparpotentiale[19] – vorangetriebene Freigabe des Arzneimittelversandhandels ist von Anbeginn auf Ablehnung seitens der Bundesvereinigung deutscher Apothekerverbände (ABDA), des Bundesverbands des pharmazeutischen Großhandels (PHAGRO) sowie verschiedener Landesapothekerkammern und Verbraucherzentralen gestoßen: Sie kritisierten, dass die Argumente für die Einführung eines Versandhandels – eine angeblich zu bewirkende Erhöhung der Versorgungsqualität und Kostenersparnis – nicht stichhaltig und zugleich überflüssig seien und brachten dies in verschiedenen Positionspapieren zum Ausdruck[20]. Nicht nur die Fachkreise – Interessenvertretungen der Apotheker und Pharmaverbände – sondern auch einige Politiker der Bundestagsfraktionen von CDU/CSU und FDP sowie vereinzelte Stimmen in der SPD äußerten im Vorfeld Befürchtungen einer Wettbewerbsverzerrung und Zweifel an den tatsächlichen Einsparmöglichkeiten[21]. Erstmals seit der Zulassung des Versandhandels im Jahre 2004 ist das Thema 2008 durch eine aktuelle Entwicklung erneut in den Fokus der Politik gerückt. Gründe dafür waren – neben der anhaltenden Kritik von Seiten vieler Pharmazeuten – die Entscheidung des Bundesverwaltungsgerichts (BVerwG) vom 13. März 2008[22] zur Zulässigkeit der geschäftlichen Kooperation des dm-Drogeriemarktes mit der niederländischen Versandapotheke Europa Apotheek Venlo und der Gestattung des Betriebs sogenannter Arzneimittel-Pick-up-Stellen in Drogeriemarktfilialen sowie wissenschaftliche Untersuchungen[23], die den Arzneimittelversandhandel für die europa- und weltweit wachsenden Mengen an Arzneimittelfälschungen und die damit verbundenen Gefahren für die Bevölke-

---

[18] Vgl. Harmsen, A.: E-Commerce mit Arzneimitteln (2007), 83.

[19] Der Leiter der TK-SH Dr. Johann Brunkhorst sagte am 17. April 2002 auf einer Pressekonferenz im Kieler Landeshaus, dass er für alle Kassen das Einsparvolumen auf rund 10 Mio. Euro im Land schätzte: http://www.aeksh.de/SHAE/200205/h025043a.html

[20] Vgl. Rolfes, M.: Internetapotheken (2003), 2/3; vgl. http://www.phagro.de/portal/alias__phagro/lang__de-DE/mid__13205/ItemID__2/tabid__6799/default.aspx.

[21] Vgl. Rolfes, M.: Internetapotheken (2003), 4.

[22] Abdruck der Entscheidungsgründe in: Pharm. Zeitung 18 (2008).

[23] Studie der EAASM (European Alliance for Access to Safe Medicines): The Counterfeiting Superhighway, 2008.

rung verantwortlich machen. Ebenfalls Anlass zur Kritik liefert die Tatsache, dass sich auch die mit der Einführung des Versandhandels bezweckten Einsparungen für die gesetzliche Krankenversicherung[24] bis heute nicht realisiert haben[25]. Mittlerweile fordern die Gesundheitsministerien von sieben Bundesländern (Bayern, Sachsen, Berlin, Mecklenburg-Vorpommern, Thüringen, Brandenburg und Rheinland-Pfalz) sowie die politischen Parteien FDP und Die Linke auf Bundesebene[26] die Beschränkung des Versandhandels auf das „europarechtlich gebotene Maß", das heißt auf rezeptfreie Medikamente, und ein damit einhergehendes Verbot des Versandes rezeptpflichtiger Arzneimittel. Der Antrag der FDP bezieht sich in erster Linie auf die gesetzgeberische Revidierung des BVerwG-Urteils und die Erwirkung eines Verbots von Medikamenten-Abholstellen. Eine Rechtfertigung dieses Begehrens ergibt sich aus der Abwesenheit regulierender Vorschriften für diese Geschäftstätigkeit und der damit einhergehende Mangel behördlicher Überwachung[27]. Entsprechende Gesetzgebungsanträge der Landesregierungen und Fraktionsparteien sind beim Bundestag und Bundesrat eingereicht worden und sollten zunächst nach der Sommerpause der Bundesregierung im September 2008 diskutiert und beraten werden; aufgrund weiteren sachlichen Klärungsbedarfs wurden die Beratungsgespräche jedoch bis auf weiteres vertagt. Bei der Verhandlung über den „Entwurf eines Gesetzes zur Rückführung des Versandhandels mit Arzneimitteln auf das europarechtlich gebotene Maß" der Bundesländer Sachsen und Bayern im Gesundheitsausschuss des Bundesrates am 3. Dezember 2008[28] erhielt der Gesetzesantrag mit den Stimmen von 10 Bundesländern die Mehrheit[29]. Hingegen hat der Wirtschaftsausschuss den Antrag in seiner Beratung am 4. Dezember 2008 abgelehnt[30]. Auf seiner letzten Sitzung in diesem Jahr, am 19. Dezember 2008, wird sich das Plenum des Bundesrates mit den gegensätzlichen Empfehlungen zum Antrag aus Bayern und Sachsen beschäftigen. Die an vorderster Stelle genannten

[24] Vgl. http://www.aeksh.de/SHAE/200205/h025043a.html.

[25] Vgl. Kleine Anfrage der Partei Die Linke v. 09.07.2007, BT-Ds. 16/6050; vgl. Antwort der BReg. v. 27.07.2007, BT-Ds. 16/6149.

[26] Vgl. Anträge der Parteien FDP v. 25.06.2008 (BT-Ds. 16/9752) und Die Linke (BT-Ds. 16/9754).

[27] Vgl. Schweim, J.K./Schweim, H.G., Th.: Das Ausmaß der Arzneimittel-Pick-ups, in: DAZ 45 (2008), 62.

[28] Vgl. http://www.apotheke-adhoc.de/index.php?m=1&id=4839, Meldung v. 28. 11. 2008.

[29] Vgl. AZ v. 08.12.2008, vgl. http://www.apotheke-adhoc.de/index.php?m=1&id=4880, Meldung v. 03.12.2008.

[30] Vgl. AZ v. 08.12.2008, vgl. http://www.apotheke-adhoc.de/index.php?m=1&id=4897, Meldung v. 04.12.2008.

Gründe für den politischen Vorstoß[31] sind die insbesondere für Laien – aber auch für Experten – unmögliche Unterscheidung zwischen Internetangeboten legaler und illegaler Versandapotheken, sowie die Identifizierung des Internets als anonyme Bezugsquelle für suchtgefährdende Substanzen und die damit einhergehende Förderung der Medikamentenabhängigkeit. Eine besonders interessante Entwicklung in diesem Zusammenhang stellt die Verordnung des Bundesgesundheitsministeriums zur Änderung der Apothekenbetriebsordnung dar, infolge derer Arzneimittel mit den Wirkstoffen Thalidomid und Lenalidomid zukünftig nicht mehr im Wege des Versandhandels abgegeben werden dürfen[32]. Zur Begründung wurde wörtlich angeführt, dass „nicht davon ausgegangen werden [kann], dass eine Apotheke bei diesen Arzneimitteln [ihren] Verpflichtungen [zu einer umfassenden Aufklärung und Beratung] im Rahmen einer nur telefonischen oder schriftlichen Befragung nachkommen kann“[33]. Da diese Voraussetzungen auch von einigen weiteren Arzneimitteln erfüllt werden, sind bereits Spekulationen über die Schaffung einer sogenannten „Schwarzen Liste“ für den Versandhandel in Umlauf[34].

---

31 Vgl. BR-Ds. 538/08 v. 01.08.2008.

32 Vgl. Graetzel, P., Th.: Thalidomid – Briefkasten bleibt leer, in: DocCheck News v. 19.11.2008, vgl. http://news.doccheck.com/de/article/149082-thalidomid-briefkasten-bleibt-leer/?utm_; vgl. http://www.apotheke-adhoc.de/index.php?m=1&id=4838, Meldung v. 28.11.2008.

33 Vgl. BR-Ds. 789/08 v. 30.10.2008.

34 Vgl. http://www.apotheke-adhoc.de/index.php?m=1&id=4676, Meldung v. 11.11.2008.

2. Ziel- und Aufgabenstellung

In einem ersten Schritt soll die Verbrauchersicht auf den Onlinehandel mit Arzneimitteln anhand einer internetbasierten Analyse erforscht werden. Als Erkenntnisquelle dienen Meinungs- und Diskussionsforen im Internet, die das Thema Versandapotheken zum Inhalt haben.

Vor dem Hintergrund der diskutierten Risiken, die mit dem Kauf von Arzneimitteln im Internet einhergehen können, ist es interessant und notwendig auch die Sichtweise und den Wissensstand der Verbraucher zu erfassen. Es wird im Vorfeld dieser Untersuchung die These aufgestellt, dass die Konsumenten nur geringfügig bis gar nicht über die Gefahr, über das Internet an gefälschte Arzneimittel zu geraten, oder darüber, wie riskant der Bezug verschreibungspflichtiger Medikamente ohne Rezept ist, informiert sind. Daher soll untersucht werden, wie stark und warum die Angebote von Internetapotheken in Anspruch genommen werden, ob der Versandhandel mit Arzneimitteln als positiv oder negativ bewertet wird und ob ein Problembewusstsein für die damit verbundenen gesundheitspolitischen und arzneimittelrechtlichen Probleme und Gesundheitsrisiken besteht.

2.1. Material und Methode

Die Untersuchung wurde auf der Grundlage einer Internetrecherche im Zeitraum von zwei Wochen – von Montag, dem 17. März 2008 bis Freitag, dem 28. März 2008 – durchgeführt. Als Einstieg diente zunächst eine Recherche unter Benutzung der Internet-Suchmaschine „Google“ mit der Begriffskombination **„Arzneimittel+im+Internet+kaufen“**, mit der eine Trefferquote von 87.300 Fundstellen erzielt wurde. Zwei weitere Suchläufe mit den Begriffen **„Versandapotheke“** und **„Medikamente+online+bestellen“** erbrachten eine Trefferzahl von 595.000 bzw. 192.000 Fundstellen. Um die Auswertung erfolgreich durchführen zu können musste die hohe Redundanz der Treffer, von denen sich ein Großteil ohnehin auf Werbeangebote von Internetapotheken für Arzneimittel bezog, sinnvoll reduziert werden. Zur Realisierung dieses Vorhabens erfolgte eine Orientierung anhand der Anzeigekriterien der Suchmaschine „Google“: Diese nimmt eine Auflistung der Treffer nach Relevanz vor und zeigt in der Grundeinstellung 10 Treffer pro Seite an. Ausgehend von dieser Grundlage wurden die Treffer auf den ersten 20 bis 40 Seiten manuell einzeln nach Eignung überprüft und Duplikate eliminiert. Die somit zur Eingrenzung getroffene Auswahl zielte insbesondere auf Internetseiten mit Angeboten, die den Internetnutzern Plattformen zum Meinungsaustausch zur Verfügung stellen, ab, da nur so eine Bewertung der Verbrauchersicht möglich war.

Ausschlaggebend und gleichzeitig Voraussetzung für die Entscheidung zur Durchführung einer Internetrecherche war die Tatsache, dass sich Verbraucher in den entsprechenden Internetforen zum Erwerb von Arzneimitteln über den Versandhandel äußern. Dabei kann davon ausgegangen werden, dass eine freie Meinungsäußerung stattgefunden hat, die nicht von einem Interviewer beeinflusst wurde, das heißt, ein sozial erwünschtes Antwortverhalten kann ausgeschlossen werden.

Zur qualitativen und quantitativen Auswertung wurden die Rechercheergebnisse in eine eigens dafür eingerichtete Datenbank der Textanalysesoftware „MAXQDA Plus 2007“ eingelesen. Für den Export des in den Forenbeiträgen und Webseiten enthaltenen Textmaterials war es unumgänglich die folgende, methodisch sehr arbeitsaufwändige Vorgehensweise zu wählen: Die einzelnen Texte wurden direkt aus dem Internet zunächst als PDF-Dokumente abgespeichert, anschließend in Dateien des Rich-Text-Formats (RTF) umgewandelt und erforderlichenfalls Fehlformatierungen korrigiert. Ein sogenannter Forenprozessor, der helfen könnte, diese zeitlichen und technischen Schwierigkeiten zu umgehen, konnte bei der durchgeführten Analyse fremder Diskussionsforen nicht zur Anwendung kommen, da für seine Nutzung vorausgesetzt wird, dass man der Administrator des entsprechenden Forums ist[35]. Nach dem Einlesen der Texte erfolgte auf Basis einer Satz-für-Satz-Analyse die Codierung der Beiträge nach unterschiedlichen Untersuchungskriterien, sogenannten „Codes", bei der die eingegebenen Texte gezielt nach diesen vordefinierten „Codes" durchsucht wurden. In der Sprache der empirischen Sozialforschung handelt es sich bei einem Code um eine inhaltliche Kategorie, ein analytisches Instrument zur systematischen Auswertung der Daten. In der Kategorisierung der Analysekriterien wurden in erster Linie die von den Internetnutzern genannten Vor- und Nachteile von Versandapotheken – vor allem im Vergleich zu Präsenzapotheken – erfasst und zu diesen wiederum Subkategorien gebildet. Darüber hinaus wurde eine Auflistung der verschiedenen, den Internetnutzern bekannten Versandapotheken erstellt, um eine vergleichende Darstellung zu ermöglichen, welche Internetapotheken wiederholt und zahlenmäßig am häufigsten frequentiert werden. Von Interesse war auch ein möglicher Erkenntnisgewinn über die am häufigsten bestellten Arzneimittel.

---

[35] Vgl. Kuckartz, U./Grunenberg, H.: Qualitative Datenanalyse: computergestützt – Methodische Hintergründe und Beispiele aus der Forschungspraxis (2007), 155.

2.2. Darstellung der Ergebnisse

Der Bekanntheitsgrad von Internetapotheken im Allgemeinen und konkreten Apothekennamen im Speziellen gibt Aufschluss über die aktuelle Verbreitung dieses Geschäftszweigs. Die anschließende Gegenüberstellung von Vor- und Nachteilen von Versandapotheken vermittelt einen ersten Eindruck von den Ansprüchen und Vorbehalten der Verbraucher. Der Ausblick auf die am häufigsten über das Internet gesuchten und bestellten Medikamente, deutet an, welches Risikopotential der behördlich nicht überwachte und faktisch schlecht zu kontrollierende Arzneimittelversandhandel in sich birgt.

2.2.1. Analyse ausgewählter Internetforen zum Versandhandel mit Arzneimitteln

Die durchgeführte Analyse basiert auf den Inhalten von insgesamt 20 verschiedenen Internetforen und Bewertungsseiten, welche zum Teil mehrere Beiträge zum Thema „Versandhandel mit Arzneimitteln" vorzuweisen haben. Konkret handelt es sich um die in der folgenden Tabelle aufgelisteten Internetseiten:

	Name des Internetforums	Anzahl der Diskussionsanfragen/Testberichte
1)	Ciao.de	40
2)	Dooyoo.de	23
3)	Med1. de	10
4)	Chefkoch.de	7
5)	GuteFrage.net	7
6)	Answers.Yahoo.com	6
7)	Board.Gulli.com	5
8)	EBay.de	5
9)	Forum.Kijiji.de	4
10)	Eltern.de	3
11)	Erektion.de	2
12)	Frag.Mutti.de	2
13)	Seniorenportal.de	2
14)	Talkteria.de	2
15)	Boardplanet.de	1
16)	Gamestar.de	1
17)	Hühner-Info.de	1

18)	Leukämie-Online.de	1
19)	Optikur.de	1
20)	Schnullerfamilie.de	1

Tabelle 1: Beiträge zum Versandhandel mit Arzneimitteln in ausgewählten Internetforen

Die beiden untersuchten Internetseiten mit den meisten Beiträgen zum Thema Versandapotheken und Arzneimittelversandhandel – Ciao.de und Dooyoo.de – sind sogenannte Produktbewertungsseiten, auf denen vom Küchengerät bis zum Urlaubshotel nahezu jedes Produkt und jede Dienstleistung bewertet werden kann. Unter den Online-Foren hatte Med1.de, das unter anderem von der Versandapotheke Medpex.de gesponsert wird, die meisten Diskussionsanfragen (sogenannte „Threads“), bei dem ebenfalls stark frequentierten Internetportal Chefkoch.de handelt es sich – wie der Name es andeutet – um eine Plattform, die ursprünglich zum Austausch von Kochrezepten eingerichtet wurde.

2.2.2. Demographische Angaben zu den Internetforen-Teilnehmern

Anders als in einer konventionellen Verbraucherumfrage liegen in dieser Untersuchung aus dem vorgenannten Grund der Anonymisierung und Pseudonymisierung in Internetforen keine demographischen Daten zu den Personen vor, deren Meinungsäußerungen ausgewertet wurden. Obwohl die zur soziologischen Stratifizierung notwendigen Angaben über Alter, Geschlecht, Personenstand und gesellschaftlichen Stand der Personen fehlen, können aus den Inhalten dennoch Rückschlüsse gezogen werden, die diesen Mangel teilweise kompensieren. So können zum Teil anhand konkreter Anfragen nach bestimmten Arzneimitteln, wie beispielsweise Kontrazeptiva oder potenzsteigernden Mitteln, und anhand der Zielgruppe, an die sich das Angebot eines jeweiligen Forums richtet, Rückschlüsse auf das Geschlecht und/oder das Alter der Internetnutzer gezogen werden. So konkretisierte sich die Wahrnehmung, dass von Jugendlichen über junge Mütter und Väter bis hin zu Senioren nahezu alle Altersgruppen vertreten sind und das Angebot von Versandapotheken bereits nutzen bzw. nutzen wollen. So richten sich Internetforen, wie beispielsweise Board.Gulli.com oder Gamestar.de, an ein eher jüngeres, vorrangig von Computerspielen begeistertes Publikum. Andererseits existieren aber auch auf die Internetnutzer höheren Alters zugeschnittene Angebote wie zum Beispiel Seniorenportal.de. Auf Internetseiten, wie Eltern.de oder

Schnullerfamilie.de, können sich junge Familien und Paare mit Kinderwunsch untereinander austauschen, während unter Adressen wie zum Beispiel Erektion.de, wie der Name es schon andeutet, vornehmlich männliche Leidensgenossen ratsuchend aufeinander treffen.

2.2.3. Bekanntheitsgrade von Versandapotheken

Der Meinungsaustausch zum Thema Versandapotheken führt in den meisten Fällen dazu, dass die Teilnehmer von Internetforen auch die Bezugsquellen ihrer Arzneimittel nennen. Die Ergebnisse dieser Untersuchung deuten darauf hin, dass die deutschen Verbraucher bei verschiedenen größeren und auch kleineren Internetapotheken bestellen aber dabei eindeutige Favoriten haben. Nach der Anzahl der namentlichen Erwähnungen erfreuen sich unter den insgesamt 61 genannten Versandapotheken insbesondere drei einer großen Popularität: Die in der nachfolgenden Tabelle wiedergegebene Rangliste wird angeführt von den deutschen Onlineapotheken Sanicare.de und Medikamente-per-klick.de sowie der niederländischen Konkurrentin DocMorris.com.

	Name der Versandapotheke	Anzahl der Namensnennungen
1)	Sanicare.de	59
2)	Medikamente-per-klick.de	52
3)	DocMorris.com	51
4)	EU-Versandapotheke.com	16
5)	Apo-rot.de	13
6)	Pharmakontor.com	13
7)	Aponeo.de	12
8)	Versandapo.de	12
9)	Doc-Bestendonk.de	9
10)	Medpex.de	9
11)	Mycare.de	9
12)	Europa-Apotheek.com	8
13)	Versandapotheke.de	8
14)	Vfg.ag	8
15)	DeutscheInternetApotheke.de	7
16)	Pilonline.de	6

17)	Dinxper.nl	4
18)	Quick-Pharma.de	4
19)	Shop-Apotheke.de	4
20)	ZurRose.de	4
21)	Apotheke.de	3
22)	Bodyguard-Apotheke.de	3
23)	Easy-Apotheke.de	3
24)	EBay.de	3
25)	Euroapon.de	3
26)	0800apoberg.de	2
27)	Apodiscounter.de	2
28)	Apondo.de	2
29)	Disapo.de	2
30)	Fliegende-Pillen.de	2
31)	Pillenpharm.com/Pitenpillen.com	2
32)	Ahorn24.de	1
33)	Amalui.com	1
34)	Aponet.de	1
35)	Apotal.de	1
36)	Apotheke-Bockau.de	1
37)	Apotheke-Sander.de	1
38)	Apotheke-Schaefer.de	1
39)	Bernie24.de	1
40)	Bioapo.de	1
41)	Dipharm.de	1
42)	E-goPharm.de	1
43)	Gefion.com	1
44)	Markenpillen.com	1
45)	McPille.de	1
46)	Medicijnen.nl	1
47)	MedikamenteausHolland.de	1
48)	Medikamente24.de	1
49)	Parcelmed.de	1
50)	Pharma24.de	1
51)	Pharmazon.de	1
52)	Pharmeo.de	1
53)	Pills.com	1

54)	Potenzhilfen.info	1
55)	Sanfoxx.de	1
56)	Shop-Apoblitz.de	1
57)	Spree-Pharma.de	1
58)	Tablettex.de	1
59)	Versandapotheke-Allgaeu.de	1
60)	Vitadirect.de	1
61)	Volksversand.de	1

Tabelle 2: Häufigkeit der Nennung von Internetapotheken durch Nutzer von ausgewählten Internetforen

Weit abgeschlagen, aber immer noch im zweistelligen Bereich der genannten Apothekennamen, bewegen sich die Anbieter EU-Versandapotheke.com aus den Niederlanden, Apo-rot.de, Aponeo.de, Pharmakontor.com ebenfalls aus den Niederlanden und Versandapo.de. Bei allen übrigen wird offenbar seltener oder nur vereinzelt bestellt, obwohl sich darunter durchaus bekannte Namen befinden, so zum Beispiel der Internetauftritt der „Easy Apotheke“, die niederländische Kooperationsapotheke der dm-Drogerie „Europa Apotheek Venlo“, Mycare.de und die Schweizer Versandapotheke „Zur Rose“. Die in Tschechien beheimatete Vfg.ag darf nach deutschem Recht nicht legal an deutsche Verbraucher Arzneimittel versenden, da ausschließlich die Niederlande und Großbritannien auf der sogenannten Länderliste gemäß §73 Abs. 1 S. 3 AMG stehen und damit festgestellt wurde, dass in diesen beiden Ländern Sicherheitsstandards für den Versandhandel und den elektronischen Handel mit Arzneimitteln bestehen, die denen in Deutschland vergleichbar sind. Da diese Feststellung bisher noch für keinen weiteren Mitgliedsstaat der Europäischen Union oder einen anderen Vertragsstaat des Europäischen Wirtschaftsraums getroffen wurde, ist die Aktivität dieser Internetapotheke als illegal anzusehen. Drei weitere Internetnutzer haben ihre Medikamente über das Internetauktionshaus EBay und ein Forumsmitglied von einer französischen Drogerie mit dem Namen „Pharmacie Billmann“ bezogen, von der ein Internetauftritt jedoch nicht bekannt ist.

Obwohl es gesetzlich vorgeschrieben ist, dass jede Versandapotheke zugleich eine Präsenzapotheke betreiben muss, erwähnen die Forumsteilnehmer nur bei fünf der in der vorstehenden Aufzählung genannten Internetapotheken, dass diese ihres Wissens nach auch eine örtliche Stammapotheke führen: Apo-rot.de betreibt zugleich die „Apotheke am Rothenbaum“ in Hamburg, Aponeo.de die „Bären Apotheke“ in Berlin, Medikamente-per-klick.de die „Luitpold Apotheke“ in Bad Steben und 0800apoberg.de die „Schloss Apotheke“ in Bergisch Gladbach. Bei den übrigen aus Deutschland stammenden Versandapotheken muss diese Voraussetzung jedoch ebenfalls erfüllt sein, da anderenfalls ihre gemäß §43 Abs. 1 S. 1 AMG, §11a ApoG erteilte behördliche Erlaubnis zum Betrieb des Onlineshops gemäß §11b ApoG umgehend entzogen wird.

2.2.4. Vorteile von Versandapotheken aus Sicht der Internetforen-Teilnehmer

Die Vorzüge der verschiedenen Internet-Versandapotheken werden im Folgenden so wiedergegeben, wie sie von den Teilnehmern der Internetforen selbst benannt worden sind. Insbesondere die Bewertungsportale Ciao.de und Dooyoo.de sehen es vor, dass der Verfasser eines Beitrages für die Leser eine eindeutige Aufteilung der Attribute des vorgestellten Produkts in Pro- und Kontra-Punkte trifft und am Ende eine Empfehlung ausspricht oder vom Kauf bzw. von der Nutzung abrät. Im Folgenden soll auf die sieben am häufigsten genannten Vorteile eingegangen werden, welche Versandapotheken aus Sicht der Internetnutzer insbesondere im Vergleich zu Präsenzapotheken haben. Zur Illustration dient die Wiedergabe ausgewählter Originalzitate in kursiver Schrift. In Abbildung 1 sind die verschiedenen Vorzüge gelistet und nach der Stimmenanzahl der Foren-Teilnehmer dargestellt. Bei den vier Meistgenannten handelt es sich um Argumente, die im weitesten Sinne pekuniärer Art sind.

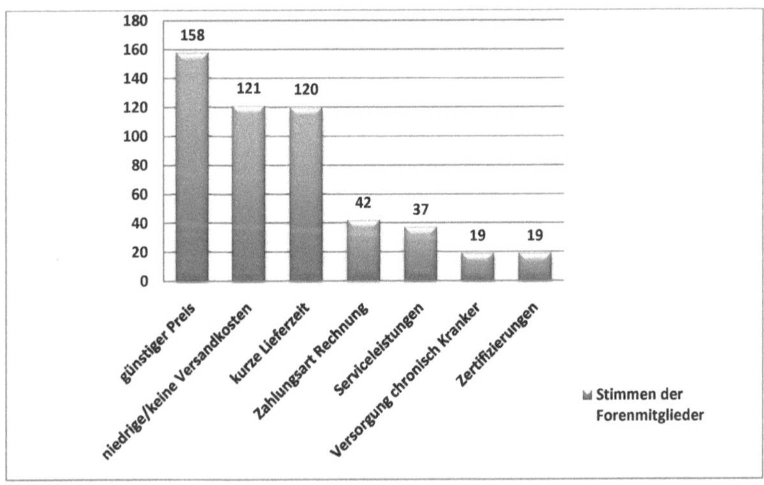

Abbildung 1: Vorteile von Internetapotheken (absolute Nennungen von Internetforen-Teilnehmern)

Argument: günstiger Preis

Das stärkste Argument, das – aus Sicht der Forumsteilnehmer – für den Einkauf bei Versandapotheken spricht, ist die Möglichkeit, Medikamente zu einem günstigeren Preis im Vergleich zur örtlichen Apotheke zu bekommen. Insgesamt 158 Äußerungen widmen sich dem Thema, dass Versandapotheken um einen bestimmten Prozentsatz preiswerter sind als „normale" Apotheken *(„Teilweise bis zu 50% billiger...";* *„Habe dabei einen Haufen Geld gespart. Teilweise bis zu 60% ...")* und wie viel Geld im konkreten Fall für ein bestimmtes Arzneimittel gespart werden konnte *(„Meist spare ich insgesamt zwischen 100 und 150 €.";* *„...pro Medikament habe ich so 2,50 Euro bis 3 Euro gespart.";* *„... bei einer Monatspackung Tabletten zahle ich 35 statt 50 Euro, bei Salben spare ich z.T. die Hälfte.";* *„Insgesamt habe ich 12 Euro gespart. Das lohnt doch, was?")*. Namentlich genannte Versandapotheken, wie beispielsweise die in Bad Laer ansässige „Sanicare"-Versandapotheke, werben sogar auf ihrer Homepage mit einer Ersparnis von „bis zu 50% bei nicht-verschreibungspflichtigen Arzneimitteln gegenüber dem UVP". Von derartigen Argumenten lassen sich viele überzeugen, da immer wieder erwähnt wird, dass man heutzutage bei allen Produkten – auch bei Medikamenten – auf den Preis achten muss. Verschiedentlich wird die Frage gestellt, warum „normale" Apotheken nicht so niedrige Preise anbieten können, oft verbunden mit der Aussage, dass man dann auch vor Ort seine Medikamente einkaufen würde. Dies ist auch die Meinung von „FrauAntje1" im Forum von Chefkoch.de: *„Ich sehe es nicht ein, dass ich mehr ausgeben soll für das gleiche Medikament. Sollte mir der Apotheker meiner Wahl, der um die Ecke ist, den gleichen Preis machen können, dann würde ich bei ihm kaufen. Aber so? Jeder muss heutzutage sehen, wie er am besten klar kommt; Apotheker und Kundschaft. Ich leg doch mein Geld auch nicht bei einer Bank an, wo ich z.B. nur 1 statt 3 % bekomme..."*.

Um die größtmögliche Ersparnis beim Kauf von Arzneimitteln zu erreichen, bedienen sich viele Forumsteilnehmer spezieller Internetseiten mit Preisvergleichen bzw. -suchmaschinen. Wenn man auf diesen Seiten den Namen des benötigten freiverkäuflichen Arzneimittels eingibt, werden automatisch die günstigsten Angebote aus sämtlichen in der Datenbank aufgelisteten Versandapotheken herausgesucht. Der Nutzer hat dann die Möglichkeit, das Produkt auszuwählen und wird direkt auf die Seite des Internetshops weitergeleitet. Der bekannteste und zugleich beliebteste Medikamentenpreisvergleich ist den Äußerungen von 43 Personen zufolge Medizinfuchs.de. Es existieren einige weitere Preissuchmaschinen, die nach dem gleichen Prinzip funktionieren, genannt wurden unter anderem Apomio.de, Arzneisucher.de, Die-Apothekenhelfer.de, Faventia.de, Med-Kolleg.de, Medipreis.de, Medpreis.de, Medvergleich.de, Mein-Medikament.de und ein Apothekenvergleich auf Focus.de, dem Internetauftritt der gleichnamigen Zeitschrift. Entgegen der Aussage von „Lanonna", einer Nutzerin dieser Sparangebote im Forum von Frag-Mutti.de *(„Alle Medikamente, die ich voll bezahlen muss, überprüfe ich bei www.medizinfuchs.de. Hier werden die Preise verglichen und ich erfahre, wo ich welches Medikament tatsächlich am preiswertesten erhalte. Hierbei handelt es sich ausschließlich um deutsche Versandapotheken, die auch einen Laden haben und die oft per Telefon und auch schriftlich mehr beraten als eine Apotheke vor Ort.*") werten diese Suchmaschinen jedoch nicht nur die Preislisten deutscher Versandapotheken aus, wie die Stellungnahme einer anderen Sparwilligen auf Talkteria.de zeigt („*... bin über Medizinfuchs.de mit meiner Bestellung auf EU-Versandapotheke.com gelandet...*"). Bei der erwähnten EU-Versandapotheke handelt es sich nachweislich um eine niederländische Versandapotheke, die zwar legal nach Deutschland versenden darf, mit welcher der Besteller im vorliegenden Fall jedoch offenbar keine guten Erfahrungen gemacht hat („*Habe dort dann einen Account eingerichtet und die Ware am 10.02 bestellt. Lastschrift wurde am 12.02. eingezogen. Die Ware ist bis heute noch nicht da. Habe denen am Freitag mal eine Mail geschickt, aber bis heute auch noch keine Antwort bekommen.*"). Trotz mehrerer telefonischer und schriftlicher Nachfragen musste die Betroffene mit dem Pseudonym „Regentrudchen" weiterhin vergeblich auf ihre Medikamente warten, diese schließlich doch in der örtlichen Apotheke besorgen und sich anschließend bemühen, das bereits abgebuchte Geld zurücküberwiesen zu bekommen. Es klingt schon nach Resignation, wenn jemand das folgende Fazit nach der Bestellung bei verschiedenen Versandapotheken zieht: *„Man muss sich also entscheiden, ob man etwas besseren Service oder etwas bessere Preise haben möchte."*

Argument: niedrige/keine Versandkosten

Als weiterer Pluspunkt einer Versandapotheke wird es gewertet, wenn nur geringe oder keine Versandkosten berechnet werden bzw. kein oder nur ein niedrigerer Mindestbestellwert gefordert wird. Diesem Thema widmen sich immerhin 121 Äußerungen der Internetapothekenkunden. In den Internetforen werden diesbezüglich auch gezielte Anfragen gestellt, so wie beispielsweise von dem User „Mainzelmännchen": *„Ich suche eine gute kostengünstige Versandapotheke. Kann mir jemand einen guten Tipp geben welche auch von den Versandkosten her günstig ist, denn da gibt es doch enorme Unterschiede."* Tatsächlich reicht die Bandbreite der anfallenden Versandkostenpauschalen von 2,80 Euro bis 4,95 Euro. Von den untersuchten Anbietern erheben lediglich drei gar keine Versandkosten, eine von ihnen setzt jedoch eine Mindestbestellung in Höhe von 20,- Euro voraus. Einige Online-Apotheken liefern auch ohne Berechnung von Versandkosten, wenn mit der Bestellung ein Rezept bzw. zwei Rezepte mit verschreibungspflichtigen Arzneimitteln eingelöst werden. Auch die Mindestbestellsummen, ab denen die Versandkosten entfallen, differieren bei den verschiedenen Versandapotheken erheblich und liegen im günstigsten Fall bei 10,- Euro und als Höchstsumme bei 60,- Euro. Die folgende Tabelle soll anhand einiger ausgewählter Beispiele einen Eindruck von den Kostendimensionen in der Versandapothekenlandschaft vermitteln.

Name der Versand-apotheke	**Versandkostenpauschale in €**	**Mindestbestellwert in €**
Sanicare.de	0,00	0,00
Europa-Apotheek.com	0,00	0,00
Medikamente-per-klick.de	2,80	10,-
EU-Versandapotheke.com	3,70	20,- bzw. 60,-
Apodiscounter.de	2,99	20,-
Apondo.de	0,00	20,-
Versandapotheke.de	3,90	20,-
Disapo.de	3,50	25,-
Medpex.de	2,90	25,-
Doc-bestendonk.de	3,95	30,-
Eurapon.de	3,00	30,-
Apo-rot.de	4,50	40,-
DocMorris.com	4,95	40,-
Pharma24.de	4,50	40,-
Aponeo.de	3,95	50,-
Mycare.de	4,95	50,-
Quick-Pharma.de	3,90	50,-
ZurRose.de	4,95	50,-
Bioapo.de	2,95 bzw. 4,95	60,-
Versandapo.de	2,90	60,-

Tabelle 3: Mit der Bestellung verbundene Kosten von ausgewählten Versandapotheken

Die Meinungen darüber, was als akzeptabel und günstig empfunden wird, gehen beim Thema „Versandkosten“ deutlich auseinander: *„Bei versandapotheke.de bestellt man jedenfalls schon ab 20 EUR versandkostenfrei, eine niedrigere Versandkostenbefreiung habe ich bisher noch nirgends gesehen.“* schreibt ein User auf Board.Gulli.com, ohne zu ahnen, dass es noch günstigere Anbieter gibt. Einer „Christa“ bei „Frag-Mutti.de“

machen die verschiedenen Mindestbestellsummen nichts aus: *„Da ich bei den Bestellungen schnell über den 10 - 40 € bin, dass die Medikamente portofrei versendet werden, ist es sogar oft, dass ich bei 3 oder 4 Apotheken gleichzeitig bestelle."* Hingegen stellt „Doris" im Forum von Schnullerfamilie.de fest: *„Allerdings ist meine [Apotheke] erst versandkostenfrei ab 40 EUR."* und erkundigt sich daher bei einem anderen Forumsmitglied nach der Adresse von dessen versandkostenfreier Versandapotheke. Auf der Produktbewertungsseite Ciao.de schreibt ein Versandapotheken-Tester über den Anbieter Aponeo.de: *„Beträgt die Gesamtsumme über 50,00 Euro entfallen jegliche Versandkosten, längerfristige Planung lohnt sich!!"* und spricht somit die zweifelhafte Empfehlung aus, größere Medikamentenvorräte auf längere Sicht zu kaufen, damit man die Mindestbestellsumme erreicht. Der Erfahrungsbericht von „Heidsieck" auf Ciao.de über die Internetapotheke Medpex.de enthält zu diesem Thema die Aussage: *„Bei Lieferung von 50 EURO aufwärts, zahle ich keine Versandgebühren, dies ist spitze."*. Demgegenüber stehen Kommentare zu Medikamente-per-klick.de *(„... und ab einem Bestellwert von 10 Euro fallen noch nicht einmal Versandkosten an."; „...dank versandkostenfreier Lieferung ab einem Bestellwert von 10 EUR auch bei kleinen Mengen sehr gut."), Sanicare.de („Ein weiteres Entscheidungskriterium für mich war, dass es weder einen Mindestbestellwert noch anfallende Portokosten gab."; „Denn auch einen Mindestbestellwert gibt es nicht! SEHR SCHÖN!")* und Europa-Apotheek.com *(„Post+Porto ist frei, was will ich mehr?")*. Anhand dieser unterschiedlichen Aussagen wird klar, dass nicht alle Versender gleich günstig sind und für wirkliche Ersparnis ein umfangreicher Vergleich zwischen den Konkurrenten unerlässlich bleibt. Dabei leisten die Preissuchmaschinen à la Medizinfuchs & Co. zwar ein gewisses Maß an Unterstützung. Diese werden allerdings auch kaum verhindern können, dass sich die Verbraucher im Dschungel des Internets, in dem mittlerweile ca. 1.800 Versandapotheken mit behördlicher Erlaubnis[36] und eine unbekannte Anzahl von Versendern unbemerkt illegal tätig sind, verirren und den Überblick verlieren.

Argument: kurze Lieferzeit

Nahezu auf denselben Rang wie die Versandkosten haben die Mitglieder der Internetforen mit 120 Erwähnungen den Vorteil einer kurzen Lieferzeit gewählt. Allerdings wird auch bei diesem mit ziemlich unterschiedlichen Maßstäben gemes-

[36] Vgl. Pressemitteilung des Bundesverbands Deutscher Versandapotheken (BVDVA) v. 29.05. 2008: http://www.bvdva.de/fileadmin/content/pdf/presse/PM_zum_1_BVDVA_Kongress.pdf.

sen, wann eine Lieferung als „schnell erfolgt“ anzusehen ist. Das Angebot reicht von Lieferungen, die innerhalb von 24 Stunden erfolgen (*„Ich kauf immer hier: apotheke-am-rothenbaum.savit.de. […] Lieferzeit beträgt im Schnitt 24 Std.“; „Sanicare.de ist die beste. […] Ich bestelle da auch manchmal. Und am nächsten Tag ist alles schon da.“*) bis zu einer Wartezeit von drei oder vier Tagen auf die bestellten Medikamente (*„Die Rezepte werden mit einem Freiumschlag eingeschickt, drei Werktage später kommt das Päckchen mit den Arzneimitteln.“; „Ich hab' jetzt in einer Apotheke – ich glaube es war die „Quick Apotheke“ in Berlin – bestellt, und es kam alles so wie bestellt 4 Tage später an.“; „Meine erste Bestellung tätigte ich Donnerstag Nacht online, die Lieferung wurde am Montag zugestellt, sonst dauerte es von der Bestellung bis zur Lieferung nie länger als 4 Tage […].“*). Wer vier Tage oder länger auf die bestellten Medikamente warten muss, sollte nicht ernstlich erkrankt sein, sondern nur das Nötigste für die Bestückung der Hausapotheke bestellt haben. Auch wenn im Durchschnitt die meisten Versandapotheken – wie laut §11a Nr. 3a ApoG verlangt – nur zwei Werktage für die Lieferung zu brauchen scheinen, zeigt sich, dass sich nur die wenigsten für die Akutversorgung mit Arzneimitteln eignen.

Argument: Zahlungsart

Für die meisten Internet-Shopper ist eine sichere Zahlungsweise ebenfalls ein wichtiger Gesichtspunkt. So betonen 42 Personen, dass sie bei der Aufgabe ihrer Medikamentenbestellung die Zahlungsweise „auf Rechnung“ bzw. „per Überweisung“ wählen, weil Sie den Überblick darüber behalten wollen, welche Summen von ihrem Konto abgehen und die Bezahlung darüber hinaus erst nach Erhalt und Überprüfung der gelieferten Ware getätigt werden muss (*„Bezahlt habe ich auf Rechnung, so war ich keinerlei Risiken ausgesetzt, was ich als sehr positiv ansehe!“; „Ich bevorzuge die Rechnung, da ich so etwas Zeit habe, sie zu zahlen.“*). Allerdings bieten nicht alle Versandapotheken diese Bezahlungsoption an: Viele akzeptieren nur eine Zahlung per Kreditkarte, per Bankeinzug, gegen Vorkasse oder zuzüglich des Aufschlags einer Nachnahmegebühr. Der Anbieter Aponeo.de beispielsweise ermöglicht – ganz im Sinne der Kundenbindung – den Einkäufern die Bezahlung nach Erhalt der Rechnung erst ab der zweiten Bestellung in seinem Online-Shop.

Argument: Serviceleistungen

Zu den erwähnenswerten Serviceleistungen, die von vielen Internetapotheken offeriert werden, gehört nach Ansicht von 37 Forumsmitgliedern das Angebot einer telefonischen Beratungshotline oder eines Rückrufservices, die man im Bedarfsfalle bei Fragen nutzen kann. Die entsprechenden Anrufe sind in den meisten Fällen gebührenfrei. Von den meisten Bestellern wird bereits die bloße Existenz eines solchen Angebots geschätzt, einige andere haben die Beratung bereits in Anspruch genommen. So schreibt „Claudia" auf Chefkoch.de: *„Ich habe auch schon mehrfach dort angerufen und bin immer sehr nett und kompetent beraten worden."* Auch „Ulf" auf Frag-Mutti.de ist fest davon überzeugt: *„Gerade die Beratung in den meisten Versandapotheken ist sehr gut. Mitarbeiter, die regelmäßig geschult werden, beraten am Telefon."* Unter denjenigen, die eine persönliche Beratung gerne in Anspruch nehmen möchten, bedauern einige, dass dieses Angebot in vielen Apotheken mittlerweile zu kurz kommt bzw. längere Nachfragen unerwünscht zu sein scheinen. In seiner Beurteilung über die „Europa Apotheek Venlo" weiß „der_elche" zu diesem Thema zu berichten: *„Einmal habe ich wegen einer einfachen Salbe sehr lange mit einer Mitarbeiterin der Apotheek telefoniert. Sie war geduldig, freundlich und sehr kompetent. In einer öffentlichen Apotheke hätte ich mich nicht getraut, im Beisein der anderen, wartenden Kunden ein so langes Gespräch zu führen."*

Auch die Versandapotheken wissen die Treue ihrer Kunden durch Sonderpreise, die Veranstaltung von Rabattaktionen und die Ausgabe von Gutscheinen zu belohnen. So können beispielsweise bei einigen Anbietern, unter anderem Versandapo.de, mit jeder Bestellung Bonuspunkte gesammelt werden, die ab einer bestimmten Höhe mit dem nächsten Einkauf verrechnet werden oder es wird, wie im Falle von „Zur Rose", für jede Rezepteinsendung ein Gutschein im Wert von 5,- Euro zugeschickt. Neukunden werden von der EU-Versandapotheke gerne mit Einkaufsgutscheinen geworben. Wieder andere Internetapotheken, zum Beispiel „Europa Apotheek Venlo" oder „Sanicare", kooperieren mit verschiedenen gesetzlichen Krankenkassen und gewähren deren Versicherten Rabatte in einer gewissen Höhe (*„Durch meine Krankenkasse bin ich bei der Sanicare Apotheke gelandet. Dort bekomme ich auf homöopathische Mittel noch einmal 10 % extra Rabatt (Vereinbarung mit der Krankenkasse)."*). Die Onlineapotheke Aponeo.de arbeitet mit einem Prämiensystem vergleichbar dem „Payback-Punkte-System": Ab einer bestimmten Anzahl von gesammelten Bonuspunkten kann man diese gegen Produkte, wie zum Beispiel Fieberthermometer oder Waagen, aus einem Prämienkatalog oder Einkaufsgutscheine, einlösen. Für alle, die spontan sparen wollen, bewerben die Versandapotheken, oft schon direkt auf der Startseite ihrer Homepage, aktuelle Schnäppchen und Produkte zu saisonalen Sonderpreisen.

Nahezu alle Versandapotheken bieten kostenlose Freiumschläge für die Einsendung von Rezepten an, die per Onlineformular angefordert werden können oder jedem Karton mit einer Medikamentenlieferung automatisch beiliegen. Insgesamt wird diese Möglichkeit zur Einsparung der Portogebühren von 27 Forumsmitgliedern lobend erwähnt.

Das Mitschicken von kleinen Werbegeschenken wie Taschentüchern, Kugelschreibern oder Zahnbürsten, Creme- oder Seifenproben, Bonbons oder Apothekenzeitschriften wird von immerhin 24 Personen wohlwollend registriert. Einige erwähnen noch direkt im Anschluss, dass sie diese Aufmerksamkeiten in den Apotheken vor Ort größtenteils vermissen *(„Selbst die Pröbchen werden genauestens abgezählt und die Apothekenumschau liegt dort so knapp aus, dass sie meist nach 1 Tag schon vergriffen ist.“)*.

Argument: Versorgung von chronisch Kranken

Es wird in insgesamt 19 Forumsbeiträgen betont, dass sich die Bestellung bei Internetapotheken insbesondere für chronisch Kranke oder andere Menschen lohnen würde, die in periodischen Abständen viele oder immer dieselben Arzneimittel benötigen. Auf diese Art und Weise könne man zeitlich einplanen, wann man sich wieder einen neuen Vorrat an Medikamenten anlegen will und dann eine Großbestellung aufgeben. Allerdings herrscht bei vielen die Ansicht vor, dass man keine Beratung benötigen würde, wenn man die Medikamente kennt oder schon seit längerer Zeit einnimmt. So lautet auch die Meinung von „hamsterkaktus“ zu diesem Thema: *„Auf eine Beratung in der Apotheke kann ich bei diesen Sachen verzichten, weil ich sie zum Teil schon über Jahre bei Bedarf nehme und vorher logischerweise auch schon mal in einer normalen Apotheke beraten wurde.“*

Argument: Zertifizierungen

Das Vertrauen einiger Besteller in die Zuverlässigkeit von Internetversandapotheken erwächst zu einem gewissen Anteil auch aus Empfehlungen anderer Käufer, Kooperationen zwischen bestimmten gesetzlichen Krankenkassen und Versandapotheken und Bewertungen durch Verbrauchertests. So verweisen insgesamt 19

Internetnutzer auf eine positive Benotung der von ihnen favorisierten Versandapotheke durch die Stiftung Warentest – mit der auch die meisten Internetapotheken auf ihrer Homepage großflächig werben; hingegen führt nur eine Person die Vergabe des TÜV-Siegels als Qualitätskriterium an. Immerhin 9 Personen sind durch ihre Krankenkasse auf eine bestimmte Internetapotheke und ein damit verbundenes Rabattsystem aufmerksam gemacht worden und glauben nicht, dass ein Krankenversicherer ihnen eine zweifelhafte Empfehlung aussprechen würde *(„Ich bin über meine Krankenkasse an diese Apotheke gekommen, und ich glaub nicht, dass mir die Krankenkasse eine schlechte Adresse vermittelt.")*. Die Werbung gesetzlicher Krankenkassen für ausgewählte Versandapotheken ist jedoch zu Recht in die Kritik geraten, so dass mittlerweile mehrere Gerichte diese Tätigkeiten aus Gründen der rechtswidrigen Beeinflussung der Versicherten und Wettbewerbsverzerrung untersagt haben[37]. Zum wiederholten Male, in jüngerer Zeit in der Ausgabe 12/2008 vom 24. Mai 2008, hat die Zeitschrift „Computer Bild" Versandapotheken getestet, wodurch sich immerhin ein weibliches Forumsmitglied in der Wahl ihrer Internetapotheke bestätigt fühlt: *„Also beim letzten Test der Computer Bild hat eine Deutsche Internetapotheke alle anderen (auch DocMorris) abgehängt. Im Durchschnitt 26 % Ersparnis haben die ausgerechnet."* Lediglich zweimal wird das durch den Bundesverband Deutscher Versandapotheken (BVDVA) ausgestellte Gütesiegel zur Identifizierung „zugelassener, vertrauenswürdiger Apotheken", wie der Interessenverband es mit eigenen Worten auf seiner Homepage formuliert,[38] genannt. Dieses Gütesiegel führen derzeit 18 beim BVDVA registrierte Versandapotheken. Nicht unerwähnt bleiben sollte jedoch, dass das Gütesiegel lediglich einen symbolischen Charakter hat und aufgrund der bloßen Abgabe einer Selbstverpflichtungserklärung zur Einhaltung hoher Qualitätsstandards verliehen wird. Anders als die „Royal Pharmaceutical Society", die Apothekerkammer des Vereinigten britischen Königreichs, welche seit Anfang Januar 2008 ein Gütesiegel an vertrauenswürdige Versandapotheken vergibt, ist der als privatrechtlicher Verein organisierte BVDVA nicht berechtigt, Zuwiderhandlungen oder Verstöße der siegeltragenden Versandapotheken mit berufsrechtlichen Konsequenzen zu ahnden[39]. In Deutschland hat das LG Darmstadt auf Betreiben der Wettbewerbszentrale in einem noch nicht rechtskräftigen

---

[37] Vgl. Kieser, T., Th.: Apothekenwerbung durch Krankenkassen?, in: Arzneimittel & Recht 1 (2007), 21/22; vgl. Schweim, J.K./Schweim, H.G., Th.: Krankenkassen werben für Internetapotheken, in: DAZ 35 (2007), 49/50.

[38] Vgl. http://www.bvdva.de/sichere-arzneimittel.html.

[39] Vgl. Schweim, J. K./Schweim, H. G., Th.: Wie andere Länder den Versandhandel regeln, in: DAZ 12 (2008), 66.

Urteil[40] die irreführende Verwendung des BVDVA-Gütesiegels durch eine Internetapotheke untersagt. Das Siegel erwecke den falschen Anschein, als hielte die damit zertifizierte Versandapotheke einen höheren Qualitätsstandard ein als die ohnehin für alle deutschen Versandapotheken geltenden, gesetzlich vorgeschriebenen Standards , so die Begründung[41].

---

40 Vgl. LG Darmstadt, Urteil v. 24.11.2008, Az. 22 O 100/08.

41 Vgl. http://www.wettbewerbszentrale.de/de/home/_news/?id=831, Meldung v. 25.11.2008; vgl. http://www.apotheke-adhoc.de/index.php?m=1&showPage=1&id=4792, Meldung v. 24.11.2008.

2.2.5. Nachteile von Versandapotheken aus Sicht der Internetforen-Teilnehmer

Als Gegenpol zu den Befürwortern der Versandapotheken finden sich in den Internetforen – wenn auch in kleineren Zahlendimensionen – einige kritische Stimmen, denen bei diesem Geschäftszweig unterschiedliche Punkte negativ aufgefallen sind. Dabei handelt es sich nicht – wie vielleicht zu vermuten wäre – nur um Mitarbeiter öffentlicher Apotheken, sondern es berichten auch Kunden von Versandapotheken über ihre im Rahmen der Bestellung gesammelten negativen Erfahrungen. Eine konsequente Unterscheidung zwischen der Ansicht von Laien einerseits und Apothekenpersonal andererseits ist nicht möglich, da sich diese nur selten zu erkennen gegeben haben. Dass es sich hierbei im Einzelfall um kritische Aspekte mit möglicherweise ernsthaften Konsequenzen für die Gesundheit der Patienten und das System der deutschen Apothekenlandschaft handelt, soll anhand der graphischen Darstellung in Abbildung 2 und verschiedener Originalzitate der Internetforen-Teilnehmer im Folgenden erläutert werden.

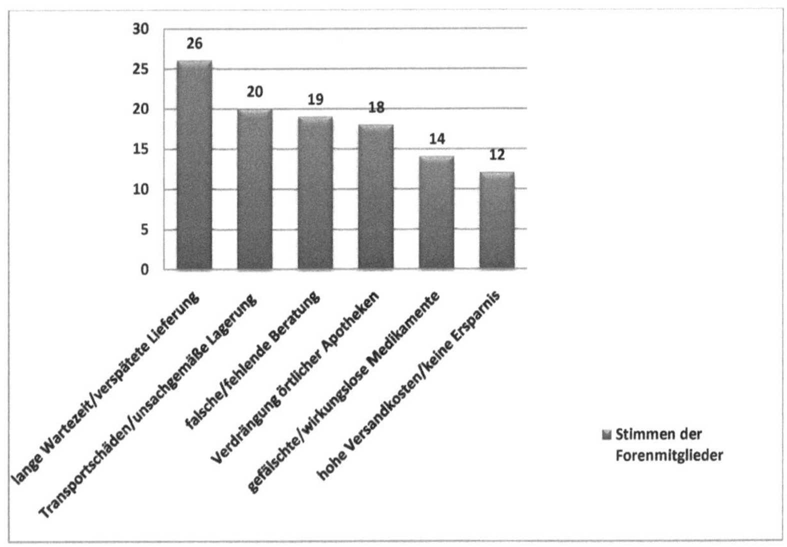

Abbildung 2: Nachteile von Internetapotheken (absolute Nennungen von Internetforen-Teilnehmern)

Argument: Lange Wartezeiten/verspätete Lieferung

Von insgesamt 26 Personen wird negativ angemahnt, dass Sie die Erfahrung gemacht haben sehr lange auf ihre bestellten Medikamente warten zu müssen bzw. dass die Lieferung erst mit einiger Verspätung bei ihnen angekommen ist. Bei einigen ist es sogar vorgekommen, dass sie die bestellte Ware überhaupt nicht erhalten haben und auch ihre Nachfrage nach den Gründen für die Nichtlieferung unbeantwortet blieb. Im Forum von Ebay.de berichtet beispielsweise der User „eine_packung_cornflakes“ unter der bezeichnenden Überschrift *„DHL fährt mein Paket spazieren“* von einer ungewöhnlich langen Wartezeit: *„Nachdem wir das Paket nach 10 Tagen nicht erhalten haben, hatten wir beim Verkäufer nachgefragt, wo es denn geblieben wäre.“* Hinzu kam in diesem Fall noch, dass die Onlineapotheke auf Nachfrage die Auskunft erteilte, dass der Paketdienst die Ware angeblich bei einem Nachbarn abgegeben hätte, das Paket jedoch unauffindbar verschwunden blieb und eine Neulieferung nur unter der Voraussetzung möglich wäre, dass man den Verbleib des ersten Pakets aufklären könne. Die Schilderung derartiger Szenarien lässt berechtigte Zweifel an der Zuverlässigkeit einiger Versandhändler und ihrer Kurierdienste aufkommen. Ein Forumsteilnehmer von Talkteria.de hat ebenfalls seine schlechten Erfahrungen mit der Zuverlässigkeit von Internetapotheken gemacht: *„Ein weiterer Grund, der meiner Meinung nach gegen die Versandapotheke spricht, ist die Lieferzeit. Ich habe vor einiger Zeit beim Marktführer im Internet einige Medikamente bestellt, um dies einfach mal zu testen und habe stolze 11 Tage auf die Lieferung gewartet. Gut, da es bei mir um ein paar rezeptfreie Kopfschmerztabletten ging, war es jetzt nicht so wild, aber ich habe mich doch schon gefragt, ob dies dann für Menschen, die in bestimmter Zeit auf ein Medikament angewiesen sind, so die richtige Möglichkeit sein kann. Ich möchte keine zwei Wochen auf ein Antibiotikum warten ….“*.

In einer öffentlichen Apotheke treten solche Verzögerungen nicht auf, der Patient bekommt seine Arzneimittel in der Regel immer am Tag der Rezeptvorlage. Ebenfalls anhand des Beispiels der EU-Versandapotheke weiß der Tester „strickpullover“ auf Ciao.de zu berichten, wie schwierig die Rückabwicklung einer offen gebliebenen und nie zugestellten Bestellung sein kann: *„Die durchschnittliche Lieferzeit von 4 Tagen wurde nicht eingehalten. Auf Nachfrage erhielt ich die Info, dass die Sendung 10 Tage nach Bestellung das Haus verlassen hätte. Der Link zur Paketverfolgung funktionierte nicht und auch nach 14 Tagen war keine Ware da. Daraufhin habe ich storniert, aber nichts mehr gehört. Über Paypal habe ich dann reklamiert und nach gut 6 Wochen mein Geld wieder erstattet bekommen.“* Nach diesem unerfreulichen Erlebnis stand der nachvollziehbare Entschluss fest, bei dieser Versandapotheke *„bestimmt nicht mehr“* zu bestellen.

Argument: Transportschäden/unsachgemäße Lagerung

Bei 20 Personen bestanden starke Bedenken bezüglich des Risikos von Transportschäden oder unsachgemäßer Lagerung, insbesondere in Bezug auf ununterbrochen zu kühlende Medikamente wie Impfstoffe. Hinsichtlich dieses Aspekts wurde bezweifelt, ob die Versandapotheken und die von ihnen beauftragten Paketlieferdienste die diesbezüglich notwendige Sicherheit gewährleisten können. So wurde beispielsweise auf der Seite Answers.Yahoo.com folgende Anfrage gestellt: *„Medikamente online bestellen? Gehen die beim Transport in der Sommerhitze nicht kaputt? Bisher habe ich Medikamente aus Vorsicht nur im Herbst oder Frühling bestellt, wo es weder zu heiß noch zu kalt war. Jetzt möchte ich wissen, ob es Sinn macht, Medikamente auch im Sommer zu bestellen. Bei manchen steht schließlich drauf, dass sie nur bis 25 oder 30 Grad aufbewahrt werden sollen. Aber in den Autos, die die Päckchen transportieren, ist es doch extrem viel heißer!"* Anhand der folgenden Stellungnahme, welche der/die Fragende daraufhin erhalten hat, wird einer der entscheidenden Unterschiede zwischen öffentlichen Apotheken und Versandapotheken deutlich: *„Die Sendungen für herkömmliche Apotheken sind meines Wissens nach im Sommer gekühlt. Online-Apotheken versenden dagegen oft ganz normal mit Hermes direkt zum Kunden."* Eine weitere Antwort des Users „choclate" lautet: *„Nein, kannst du bedenkenlos bestellen, die sind so verpackt, dass die nicht schlecht werden. Passiert ja auch nicht, wenn die Medikamente in die Apotheke transportiert werden, weder im Sommer noch im Winter."* Allerdings mit folgender bedeutender Einschränkung: *„Gilt allerdings nur für Medikamente, die nicht gekühlt werden müssen!"* Wie sich zeigt, steht der besorgte Fragensteller nicht allein mit seinen Bedenken da. So ist „Babse", wie sie im Chefkoch.de-Forum schreibt, dem Einkauf im Internet gegenüber im Allgemeinen zwar aufgeschlossen *„... aber bei Medikamenten bin ich sehr vorsichtig. Zuerst einmal die fehlende Abstimmung mit meinen anderen Medikamenten, zum anderen – wer garantiert mir, dass die Medizin immer ordnungsgemäß gelagert wurde bzw. die Kühlkette nicht unterbrochen wurde? Also, das wäre mir zu riskant."* Ebenso sieht es „weberin1971", die sich auf Eltern.de mit anderen Forumsmitgliedern zum Thema künstliche Befruchtung austauscht: *„Ansonsten wär mir die I-Net-Bestellung zu unsicher – im Winter mag das ja noch angehen, aber im Sommer, wenn's heiß ist kann dir kein Paketdienst garantieren, dass das Zeug gut ankommt ...".*

Die Begründetheit der Zweifel der Internetforen-Teilnehmer bestätigt sich anhand einer Überprüfung der Stiftung Warentest von 20 verschiedenen Versandapotheken im Jahr 2005, bei dem einige die Bestellung kühlpflichtiger Arzneimittel, wie beispielsweise Impfstoffe oder Insuline, ohne Isolierverpackung versandten und der Großteil der Versandapotheken keinerlei Hinweis auf das Erfordernis einer kühlen Lagerung bis zur Verwendung gab[42].

In ihrem Testbericht über die EU-Versandapotheke teilt schließlich „Müllerinxx" ihre Erfahrungen über eine auf dem Transport beschädigte Arzneimittellieferung und die fehlende Bereitschaft seitens der Internetapotheke zur Mängelbeseitigung mit: *„Wir haben im Januar diesen Jahres eine Lieferung von der EU-Versandapotheke bekommen. Das Paket war äußerlich unversehrt, aber von der Lieferung waren 3 Flaschen zerbrochen. Telefonisch war niemand zu erreichen. Nur die Bandansage für 0,14 EUR/Min durfte man sich immer wieder anhören. Auf unsere Reklamation per Mail wurde geantwortet. Der Bitte nach einem Foto des Schadens sind wir nachgekommen. Einige Mails später haben wir die Anweisung bekommen, die defekte Lieferung (die ja aus Glasscherben bestand) zurückzuliefern, damit beim Großhandel reklamiert werden könne. Auf unsere Antwort, dass wir nicht verpflichtet seien, Scherben über mehrere Wochen zu lagern und das ein Transportschaden nicht vom Großhändler, sondern vom Transporteur ersetzt werden müsste, wurde uns eine Nachlieferung zugesagt. Trotz zwischenzeitlicher Nachfrage ist die Nachlieferung innerhalb von fast 3 Monaten nicht erfolgt. Das Geld hat die Apotheke natürlich behalten. Ich werde hier nie wieder bestellen. Medikamente kaufe ich wieder bei der Apotheke meines Vertrauens um die Ecke."*

Argument: falsche oder fehlende Beratung

Weitere 19 Einträge in den Internetforen treffen die Aussage, dass viele Versandapotheken nach ihrer persönlichen Erfahrung – im Gegensatz zu den Apotheken vor Ort – entweder keine Beratung anbieten oder dass manche der erteilten Ratschläge sogar falsch und fehlerhaft sind. Dieser Kritikpunkt kann insbesondere unter dem Aspekt potentiell folgenschwerer Arzneimittelinteraktionen oder gesundheitsgefährdender Fehldosierungen große Gesundheitsrisiken für die Patienten in sich bergen. Beispielhaft hierfür ist folgende Aussage eines kritischen Verbrauchers (möglicherweise eines Apothekers) bei Talkteria.de: *„... es gibt für mich noch weitere Gründe, die gegen Versandapotheken sprechen: Weiterhin wird hier so gut wie keine Beratung durchgeführt. Dies kann sehr kritisch sein. Man kann viele Medikamente rezeptfrei bestellen, jedoch kann der Laie nicht immer unbedingt entscheiden, ob die Kombination von mehreren Medikamenten (auch wenn sie rezeptfrei sind) nicht zu Schädigungen oder Komplikationen führen kann. Dies ist meiner Meinung nach nicht ganz ungefährlich. Hierbei sollte man doch auf die Beratung von Fachpersonal in der Apotheke setzen. Schließlich darf nur Me-*

[42] Vgl. Stiftung Warentest, Th.: Kühlpflichtige Medikamente – Nicht sicher auf den Weg gebracht, in: test 3 (2005), 88.

dikamente verkaufen, wer ein abgeschlossenes Pharmazie-Studium hat...". Bei FragMutti.de meldet sich „Lomo" zu Wort, die die Problematik als in einer Apotheke tätige pharmazeutisch-technische Assistentin (PTA) betrachtet und somit aus fachmännischer Sicht rät: *„Finger weg von den holländischen Apotheken...die machen unser ganzes gesundheitsgesetzt zunichte großer Nachteil keine Beratung was Wirkung und Nebenwirkung betrifft...vertraut lieber auf unsere Apotheken und Apotheker/rinnen damit unsere Gesundheitsversorgung nicht bald auf der strecke bleibt. Jeder der in der Versandapotheke bestellt trägt dazu bei ... denkt mal drüber nach ... ich als PTA sehe darin große Gefahr...".* Bei „Aeryn" handelt es sich um eine besorgte Mutter, die ihre Kinder nicht ohne fachkundige Beratung mit Arzneimitteln behandeln möchte und daher bei Chefkoch.de folgende Frage ins Forum stellt: *„Wo holt ihr euch eigentlich eure Beratung? Klar, bei rezeptpflichtigen Medikamenten beim Arzt, aber wenn ich einfach nur was haben mag was mir gegen meine Erkältung hilft, dann kann mir doch da keiner sagen, was mir am besten helfen könnte! Mein Apotheker kann das! Und gerade wenn's zum Beispiel um meine Kinder geht, wollte ich denen ohne Beratung keine Medikamente geben."* Auch „Rennie" findet, dass das in den öffentlichen Apotheken vermittelte Fachwissen sein Geld wert ist und lenkt die Aufmerksamkeit auf die schlechten Noten von Versandapotheken, die Stiftung Warentest zum Aspekt „Beratung" vergeben hat[43]: *„Hier meine Meinung zum Thema Versandapotheken. Am besten ist man immer noch mit der Apotheke um die Ecke bedient. Wenn ich mir vorstelle, dass bei Doc Morris ungeschultes Personal die Bestellungen zusammenpacken ohne das ein Apotheker diese kontrolliert hat, dann gebe ich lieber ein paar Euro mehr aus und gehe in eine öffentliche Apotheke. Stiftung Warentest fand zu dem folgendes raus: Versandapotheken sind lebensgefährlich! Sieben mal riefen Testpatienten bei jeder Versandapotheke an. Mit Standardfragen zu Risiken und Nebenwirkungen wie: „Vertragen sich Grippemittel und Betablocker?" oder „Soll Talcid gegen Sodbrennen vor oder nach dem Essen eingenommen werden?". Richtige Antworten: Talcid nach dem Essen einnehmen. Grippemittel und Betablocker nicht kombinieren: Blutdruck kann steigen. Sieben Anbieter antworteten oft falsch oder gar nicht: Darunter auch Doc Morris - laut Eigenwerbung - Europas größte Versandapotheke. Ebenfalls mangelhaft sind Apondo, Aponet, Apotal, berni24, Mc Pille und Pharma Kontor."*

Argument: Verdrängung örtlicher Apotheken

In den Internetforen kritisieren insgesamt 18 Personen die Tatsache, dass die Versandapotheken den öffentlichen Apotheken in erster Linie nicht nur große Konkurrenz machen, sondern sie auf längere Sicht sogar vollständig vom Markt ver-

[43] Vgl. Stiftung Warentest, Th.: Versandapotheken – Auwwweh!, in: test 3 (2005), 86-92.

drängen könnten. Einige malen sich vor ihrem geistigen Auge bereits das Szenario aus, vor welche Probleme man zukünftig bei der Notfallversorgung mit Medikamenten gestellt wäre, wenn man ohne Nachtdienst-habende Präsenzapotheken auskommen müsste. Aufgrund dieser Befürchtung vertreten sie die Ansicht, dass die Apotheken vor Ort unterstützt werden sollten, um somit ihre Existenz zu sichern. So bringt „Rebecca" im Forum von Med1.de ihre Bedenken kurz und bündig auf den Punkt: *„Ich denke, man sollte überlegen, was man damit tut, übers Internet zu bestellen, welche Folgen das hat. Die Folge ist nämlich, dass Apotheken schließen werden."* Weitergehend stellt „Claudi" bei Chefkoch.de die daran anknüpfende unbequeme Frage: *„Wenn bei euch auf dem Dorf oder in eurem Stadtteil die einzige Apotheke dichtgemacht hat, weil alle in Internet-Apotheken bestellen, wo werdet ihr dann in dringenden Fällen eure Medikamente kaufen??? Nur um der Frage vorzubeugen - wir schwimmen sicher nicht im Geld, trotzdem finde ich man sollte die Geschäfte am Ort unterstützen. Wenn sie´s nicht mehr gibt ärgern wir uns doch auch, oder? Auf unsere Stadtteil-Apotheke lass' ich nichts kommen - aufmerksam, kompetent, freundlich - ich würd' sie vermissen...".* Diesem Plädoyer für die öffentliche Apotheke steht die etwas moderatere Ansicht von „Dandy" gegenüber, der das Problem zwar auch erkannt hat und trotzdem eine Art „Mischkalkulation" zwischen Präsenz- und Versandapotheken betreibt: *„Auch ich/wir nutzen bei Bedarf eine Internet-Apotheke. Trotz der Ersparnis haben wir gewisse Bedenken. Die Beratung bei einer Versand-Apotheke ist doch eher gering, also beim Erstkauf eines Produktes doch lieber bei der Apotheke um die Ecke beraten lassen. Und dann als Dank für die Beratung an den PC und im Internet bestellt?? Dieses Problem betrifft aber auch alle anderen Produkte, im Fachhandel beraten lassen und dann billiger im Internet kaufen. Dadurch hat der Fachhandel immer weniger Umsatz und muss sich zwangsläufig weiter zurückziehen und sorgt für noch mehr Arbeitslose. Ich praktiziere und empfehle eine gesunde Mischung zwischen Internet und den Angeboten vor Ort. Sowohl bei Apotheken, als auch bei allen weiteren Produkten."* Bei Chefkoch.de macht „Marimanstein", die selber in einer Apotheke tätig ist, ihrem Ärger über das geschäftsschädigende Verhalten mancher Apothekenkunden Luft: *„Unmöglich finde ich, sich in der Apotheke um die Ecke beraten zu lassen (das ist manchmal extrem zeitintensiv) und dann im Internet zu bestellen. Wer keine Beratung braucht, soll das ruhig machen. Aber bedenkt vielleicht auch mal, was wäre, wenn's die kleine Apo um die Ecke nicht mehr gäbe - weil sie sich aus betriebswirtschaftlichen Gründen nicht mehr lohnt für den Inhaber. Keine Möglichkeit mehr, Medikamente ohne Autofahrt sofort zu bekommen, keine persönliche Beratung mehr zu neuen Medikamenten, keine Nachtdienst-Apotheke mehr in der Nähe....".* Die Warnung vor diesen möglichen Konsequenzen des sich wandelnden Apothekenmarktes sollte zumindest zum Nachdenken anregen, selbst wenn nicht ausgeschlossen werden kann, dass sich hier auch Apotheker geäußert haben. Der durch die Öffnung des

Versandhandels zweifelsohne in Kraft gesetzte Verdrängungswettbewerb wird als erstes in den schwächer besiedelten ländlichen Gegenden zu spüren sein und sich nur verzögert in die Ballungszentren vorarbeiten. Aber gerade in den Dörfern, wo der Weg zum nächsten Arzt am weitesten ist und eine öffentliche Apotheke am dringendsten gebraucht wird, muss dem „Apothekensterben" entgegengewirkt werden.

Argument: Angst vor gefälschten oder wirkungslosen Medikamenten

14 Nutzer der untersuchten Internetforen befürchten über Versandapotheken an wirkungslose Medikamente oder gar gefälschte Arzneimittel zu geraten. Zugleich vertritt die gleiche Personenanzahl die Meinung, dass Internetapotheken den Bezug illegaler Medikamente ermöglichen und fördern und dieses Angebot vor allem von Personen wahrgenommen wird, die sich anonym Nachschub für eine bestehende Arzneimittelabhängigkeit beschaffen wollen. So beantwortet der User „JFK", der sich schon intensiv mit diesem Thema auseinandergesetzt zu haben scheint, im Forum von Gamestar.de die Frage von „Oxymoron", ob auch größere Onlineapotheken ihre Ware aus zwielichtigen Kreisen beziehen würden, folgendermaßen: *"Grundsätzlich gilt: eine Versandapotheke muss eine "Heimatapotheke" in Deutschland haben, wird aber immer (übrigens durch eine von der Politik vorgeschlagene Gesetzeslücke) aus dem Ausland importieren, um Preisvorteile zu nutzen. Im Ausland ist die Kontrollpflicht der eingekauften Medikamente stark gelockert. Beim Import wird ebenfalls nichts geprüft (sonst müssten an der Grenze hunderttausende Pakete von DocMorris und Konsorten geöffnet und auf falsche Inhaltsstoffe getestet werden). Prinzipiell hängt es also nicht (wie bei in Deutschland per Großhändler eingekauften Medikamenten) von staatlich kontrollierter Aufsicht, sondern nur vom (erfolgsorientierten) Betreiber der Versandapotheke ab, was für eine Qualität in Deinen bestellten Medikamenten steckt. Das bedeutet: Du kannst ordentliche Ware bekommen, aber auch ein gepanschtes Billigmittel in anderer Verpackung oder (wahrscheinlicher) ein Generikum, dessen zusätzliche Inhaltsstoffe nicht unbedingt vollständig deckungsgleich mit dem von Dir gewollten Medikament sind. Passieren muss da nichts - aber die Sicherheit, genau das zu bekommen, was man will, braucht und verträgt, gibt man bei Versandapotheken ab."*

Im Rahmen einer Diskussion auf Board.Gulli.com über im Internet gekauftes Aspirin, das in einer anderssprachigen Verpackung geliefert wurde, meldet sich „FuGu" mit folgender kritischer Stellungnahme zu Wort: *„Wenn ich Reimport Medikamente nehmen würde, dann nur in Absprache mit der Apotheke meines Vertrauens. Wenn ich das Wort Online-Apotheke nur lese, könnte ich schon wieder kotzen. Hauptsache billig...*

Da ist das falsche Dosieren von Laien noch das ungefährlichste. Wer garantiert denn, dass diese Onlinereimporte original sind? Wir leben in einer schlechten Welt, da ist es fast abzusehen, dass zig Menschen in diese Kerbe hauen. Und wenn der Kunde zufrieden ist mit den Hieroglyphen auf der Packung, braucht man sich nicht mal die Mühe machen und aufwendig fälschen..." und schließt seine Wortmeldung mit einem deutlichen Appell ab: „*Euer Apotheker berät euch kostenlos, also nutzt es!*" Dass die von Arzneimittelfälschungen ausgehenden Gefahren ernst genommen werden, zeigen beispielhaft zwei Wortmeldungen auf Talkteria.de („*Also ich habe bis jetzt eher schlechte Erfahrungen mit Versandapotheken gemacht. Es kann natürlich sein, dass man mal ein paar Euro spart, jedoch setzt man sich dafür dem Risiko aus, dass man gefälschte Ware erhält, die entweder keine oder nur unzureichende Wirkstoffe besitzen. Damit tut man seiner Gesundheit garantiert auch keinen Gefallen. Dann zahl ich lieber ein paar Euro mehr in meiner Apotheke um die Ecke und kann relativ sicher sein, dass ich ein originales Medikament bekomme.*") und Chefkoch.de („*Ich halte davon nicht viel. Hab grad neulich im Fernsehen einen Beitrag gesehen, dass dort auch oft Medikamente verkauft werden, die gar keine sind. Gerade wenn es um die Gesundheit geht, sollte man nicht am falschen Ende sparen.*"), denen zufolge die Gesundheit nicht aus Sparsamkeitsgründen gefährdet werden sollte.

Offenbar hat die Medien- und Presseberichterstattung zur Gefährlichkeit gefälschter Arzneimittel einige Verbraucher bereits aufgerüttelt. Laut ihren Erfahrungsberichten sind beispielsweise die Internetapotheken-Kunden „Hase" und „Snail" bereits in Kontakt mit gefälschten Potenzmitteln gekommen: (Zitat 1:) „*ABER ACHTUNG: meine Bestellung bei Markenpillen ging beim 1x an den berliner zoll (Annahme verweigert!) ich melde das dem Serviceteam und siehe da, sie schicken mir die Ware einfach nochmal. kommt jetzt aus Hongkong und bei mir per einschreiben sogar an. was ist der Inhalt? na klar, 10 "Original-Levitra" für 120 Euro im Plastikbeutel mit der Wirkung (nicht Geschmack) von TicTac. ABSOLUTE PLACEBOS. die haben noch nicht einmal Nebenwirkungen (es sei denn man verletzt sich beim Schlucken!) der Name: "Markenpillen" ist also als doppelte Verarsche zu verstehen. ich melde dies wieder dem Serviceteam und man möchte, dass ich zufrieden bin und schicken mir demnächst noch einmal etwas zu. ich weiß schon was kommen wird und werde hier darüber berichten. also erst einmal merken = FINGER WEG!!!*" (Zitat 2:) „*Ich habe bei Pillenpharm.com bestellt -- 6 Original-Cialis, die Lieferung dauerte etwas, weil die gerade die Seite von der .de Adresse auf .com gewechselt hatten ...ich dachte schon, da kommt nix mehr. Ich habe mehrere Emails gesendet, weil die Lieferung dauerte, nach ca. 3 Wochen kamen 6 "original" Cialis (Preis 82 Euro) im Plastikbeutel aus Hong Kong; leider völlig wirkungslos. Ich habe dann mehrere Emails an *************** gesendet, und die haben mir eine kostenfreie Zweitlieferung zugesichert. Die zweite Lieferung kam erstaunlicherweise aus Deutschland ...aber war genauso wirkungslos. Also was ich sagen möchte; gute Fälschungen, aber* *wirkungslos ---.*" Zum Glück der Anwender waren diese Tabletten offenbar insofern ungefährlich, als sie keinen Wirkstoff enthielten. Um jedoch kein „Russisches Roulette" mit seiner Gesundheit zu spielen, sollte man derartige Selbstversuche komplett unterlassen.

Auch das Thema des illegalen Medikamentenkonsums und der Arzneimittelabhängigkeit wird in einigen Foren sehr kontrovers diskutiert. So bemüht sich „WiseGuy111" auf Board.Gulli.com die anderen Teilnehmer eines Threads dafür zu sensibilisieren, die Beweggründe einer Anfrage nach Bezugsquellen für rezeptpflichtige Arzneimittel kritisch zu hinterfragen: *„Hier hat ein offensichtlich tablettenabhängiger User ("Gina_si") nach der Möglichkeit gefragt, ohne Rezept ein Arzneimittel zu erhalten: ZOPICLON. […] Mein Standpunkt ist und bleibt: Niemand kann und darf hier die indirekte Rolle eines Vermittlers für harte Drogen spielen. ZOPICLON ist, unsachgemäß angewendet, eine Droge, die zur Abhängigkeit führt und daher kein Beschaffungs-Thema für das g:b sein darf.*" Laut Wikipedia.de handelt es sich bei Zopiclon um einen Wirkstoff, den Benzodiazepinen vergleichbar, der in modernen Schlafmitteln (in den USA zum Beispiel Lunesta) eingesetzt wird und nach Auskunft der Weltgesundheitsorganisation WHO beim Absetzen nach mehrwöchiger Einnahme zu Entzugserscheinungen führt[44]. Daher wäre es wünschenswert, dass das Verantwortungsgefühl jedes Internetnutzers so weit geht, dass untereinander keine Tipps zum unrechtmäßigen Erwerb von Substanzen mit Suchtpotential ausgetauscht werden. Die im Ausland zum Teil weniger strengen Rechtsvorschriften hinsichtlich der Rezeptpflicht üben allerdings einen großen Reiz aus sich die gewünschten Präparate auf diesem Wege illegal und mit potenziell gefährlichen Konsequenzen zu beschaffen: *„Das mit den rezeptpflichtigen ist aber auch so eine Sache, z. B. versenden manche Apotheken im Ausland auch ohne Rezept, da diese Medikamente dort teilweise nicht rezeptpflichtig sind, z.B. Fluctin/Prozac, das bei uns zu Recht verschreibungspflichtig ist, konnte man in der Schweiz ohne Rezept bestellen. In den USA ist es ebenfalls teilweise frei verkäuflich, meine ich. Ich würde aber jedem davon abraten, schließlich, wie erwähnt, gibt es die Rezeptpflicht nicht zum Spaß, sondern aus guten Gründen, und gerade bei Psychopharmaka sollte man zwingend einen Arzt konsultieren, wer weiß, was man sich selbst sonst antut, wegen einer falschen Selbstdiagnose! Ob man als Deutscher überhaupt rezeptpflichtige Medikamente, die im Ausland frei verkäuflich sind, erwerben darf, wage ich jedoch zu bezweifeln […].*" Manch einer wie „Topmaster" wiegt sich in trügerischer Sicherheit: *„Das stimmt, man sollte nie Viagra oder Cialis ohne Rezept online kaufen. Ich habe nun eine online Apotheke gefunden wo ich günstig Viagra, Cialis und viele andere Potenzmittel ganz legal und diskret kaufen kann. Man muss online ei-*

44 Vgl. http://www.who.int/medicines/areas/quality_safety/4.6ZopicloneCritReview.pdf.

nen Fragebogen ausfüllen und bei Einverständnis eines geprüften Arztes, bekommt man ein Rezept online ausgestellt." Dabei ist ihm nicht bewusst, dass derartige Onlinekonsultationen weder vor Fälschungen schützen noch in Deutschland rechtlich zulässig sind. Gerade mit dem Wissen um derartige Ansichten und verantwortungslose Verhaltensweisen ist es zumindest beruhigend, dass sich einige Forumsteilnehmer der wichtigen Schutzfunktion bewusst sind, die mit der Erhebung einer Rezeptpflicht bezweckt wird und versuchen dieses Bewusstsein auch an andere weiterzugeben: *„Ich frage mich, warum du dir so ein starkes Schlafmittel, wenn du es denn tatsächlich benötigst, nicht vom Arzt verschreiben lässt? Die Rezeptpflicht wird schließlich nicht zum Spaß erhoben! Bist du dir über die Nebenwirkungen und Folgen einer Überdosierung bewusst? Lohnt es sich überhaupt für dich den Umweg über den evtl. illegalen Weg einzuschlagen?"*

Argument: hohe Versandkosten/keine Preisersparnis

Jeweils 12 Forumsbeiträge widmen sich der Kritik über den Umstand, dass die meisten Versandapotheken zu hohe Versandkosten erheben und insbesondere dadurch gegenüber örtlichen Apotheken keine nennenswerte Preisersparnis bieten (*„Und in fast allen Fällen kommt eben der Versand noch oben drauf, so dass man, wenn man einzelne Medikamente bestellt, doch meist wieder beim Preis ist, den man in einer normalen Apotheke bezahlt."; „Versandapotheken sind nicht günstig, denn du musst auch die Portokosten zahlen, da tut sich der Preis oft schon relativieren."; „Kleine Mengen sind in der Internet-Apotheke nicht unbedingt günstiger, wenn man die Versandkosten mit berechnet!"*). Dieses Eingeständnis müssen, so die Erfahrung von „Küchenfee1976" im Forum von Chefkoch.de, auch die treuesten Anhänger von Versandapotheken machen: *„Meine Schwiegereltern kaufen regelmäßig in der Internet-Apotheke ein. Da kann man richtig Geld sparen, aber trotzdem bedenken, dass auch die Portokosten miteinkalkuliert werden. Manchmal war es dann schon so, dass sie unterm Strich das Gleiche oder sogar mehr bezahlt haben."* Da für viele Kunden von Internetapotheken insbesondere das Preisargument ausschlaggebend ist, könnte diese Erkenntnis vielleicht nicht nur den Verfasser dieses Forumsbeitrags auf Talkteria.de zum Umdenken anregen: *„Ich habe festgestellt, dass es hier auch bei normalen Apotheken erhebliche Preisunterschiede gibt. So bietet es sich vielleicht eher an, mal die Preise bei den ansässigen Apotheken zu vergleichen. Da kann man unter Umständen genau so viel Geld sparen..."*. Diese Einwände vermögen zu einem gewissen Grad auch das Hauptargument der Befürworter von Versandapotheken, dass beträchtliche Geldersparnisse bei einer Bestellung im Internet möglich sei, zu entkräften. Zur Veranschaulichung der zum Teil erheblichen Unterschiede bei Versandkostenpauschalen und Mindestbestellsummen verschiedener Internetapotheken wird auf die Tabelle 3 unter 2.3.2.2 verwiesen.

2.2.6. Arzneimittel, die bevorzugt über das Internet bestellt werden, differenziert nach Geschlechtern

Nach Geschlechtern getrennt zeigen sich sehr deutlich unterschiedliche Interessensschwerpunkte. Frauen sind insbesondere am preisgünstigen Erwerb von Kontrazeptiva, bevorzugt ohne ein Rezept vorlegen zu müssen, interessiert, wie sich anhand von 18 Anfragen nach verschiedenen Pillenpräparaten zeigt. Einige Anbieter aus den Niederlanden, wie beispielsweise Dinxper.nl, Pharmakontor.com oder Pilonline.nl, haben diese Marktlücke besetzt und sich auf Kundinnen mit folgendem Wunsch spezialisiert: *„Ich suche eine niederländische Versandapotheke, die auch nach Deutschland liefert. Schicken die eigentlich auch die Pille nach Deutschland, wenn man kein Rezept hat? So weit ich weiß, ist die Pille in den Niederlanden rezeptfrei."* Nach niederländischem Recht ist es nach der Erstverordnung durch einen Arzt möglich, die Antibabypille mit Hilfe eines sogenannten Dauer- oder Folgerezepts für 6 oder 12 Monate auf Vorrat und bei wiederholtem Bedarf ohne erneutes Aufsuchen eines Gynäkologen zu bestellen (*„Beim ersten Mal habe ich mein Original-Rezept vom Arzt mitgebracht, daraufhin bekam ich für 19,50 Euro eine 6-Monatspackung (in Deutschland 55,00 Euro!!!). Dazu bekam ich ein holländisches Schreiben mit meinen Daten, dieses muss ich jetzt, anstelle eines Deutschen Rezeptes immer wieder mitbringen und bekomme dafür die Pille. So spare ich auch noch die 10 Euro Arztgebühr wenn ich mal wieder vergessen habe mir ein Überweisungsschein zu holen."*; *„Für die Pille könnt ihr euch bei einer holländischen Internetapotheke ein Dauerrezept einrichten lassen. Einfach Privatrezept (über 21 Jahre ist es privat) hinschicken und dann dauerhaft bestellen oder gleich für das ganze Jahr."*). Dieses Vorgehen ist nach niederländischem Recht zulässig, aber für die deutsche Kundin in der Regel eher verwirrend, da sie in den meisten Fällen nicht ihre bekannte Pillenmarke, sondern ein niederländisches Analogpräparat mit niederländischem Beipackzettel erhält. In Bezug auf die Korrektheit des Austausches und die Verträglichkeit der Zusatzstoffe – beispielsweise im Falle von Allergien auf Farbstoffe oder ähnliches – des ausgetauschten oralen Ovulationshemmers, legt die Patientin ihr Schicksal jedoch in gewisser Weise in die Hände der Internetapotheke.

Die Diskussionen der Männer hingegen drehen sich, vor allem in Foren wie Erektion.de, um Möglichkeiten und Quellen, über die diskret und preiswert Potenzmittel wie „Viagra" oder „Cialis" rezeptfrei und ohne Arztkonsultation und -gebühren bezogen werden können. Eine von insgesamt sieben dieser konkreten Anfragen lautet typischerweise: *„Ich würde gerne Cialis bei dem Anbieter Pillenpharm erwerben. Diese bieten die Cialis günstig an. Hat jemand schon Erfahrung mit diesem Anbieter machen können?"* Der Verkauf von verschreibungspflichtigen Präparaten, beispielsweise gegen erektile Dysfunktion, ohne dass dafür vom Besteller ein Rezept vorgelegt worden ist, ist gemäß §48 Abs. 1 AMG gesetzlich untersagt.

Ebenfalls gezielt nachgefragt wurden – von vier Personen – Bezugsquellen für Appetitzügler und Arzneimittel zur Behandlung von Übergewicht und Fettleibigkeit wie beispielsweise die rezeptpflichtigen Produkte „X-112“, „Recatol“ oder „Xenical“. Des Weiteren interessierten sich zwei Internetnutzer für die verschreibungspflichtigen Arzneimittel „Flunitrazepam“ bzw. „Lorazepam“ und „Zopiclon“, die unter anderem zur Therapie bei Schlafstörungen eingesetzt werden und die ein gewisses Abhängigkeitspotenzial aufweisen.

2.3. Diskussion und Bewertung der Ergebnisse

Die Internetforen erwiesen sich während des Auswertungsprozesses als gut geeignete Quelle der Informationsgewinnung gemessen an der Zielsetzung dieser Untersuchung: Der Analyse zugrunde lag die Überlegung, dass Personen, die bei Internetversandapotheken Arzneimittel einkaufen, allgemein im Umgang mit dem Internet gut vertraut sein müssten und es mit hoher Wahrscheinlichkeit regelmäßig auch für andere Zwecke nutzen werden, so beispielsweise zum Einkaufen in anderen Onlineshops, Recherchieren von Informationen, Schreiben von E-Mails oder Meinungsaustausch in Internetchats und anderen Kommunikationsforen. Untersuchungen haben ergeben, dass Menschen mit privaten Informationen, die sie in E-Mails verbreiten bzw. Meinungen, die sie über das Internet kundtun, oftmals viel freigiebiger sind, als in der Kommunikation per Brief oder im persönlichen Gespräch[45] [46]. Die vermeintliche Anonymität des Internets – in Chatrooms oder Internetforen hat jeder Teilnehmer grundsätzlich einen Spitznamen, einen sogenannten „Nickname", – sorgt dafür, dass viele Menschen ihre Ansichten aufrichtiger und offener verbreiten, als sie es im „wirklichen" Leben tun würden. In der Bilanz verblieb nach dem vorgenommenen Auswahlprozess eine Anzahl unterschiedlicher Internetforen, in denen Diskussionen über das Thema des Erwerbs von Arzneimitteln über das Internet geführt und Ratschläge ausgetauscht werden sowie einige Produktbewertungsseiten, auf denen namentliche Versandapotheken in ihren Einzelheiten beschrieben und bewertet werden. Bei der Auswahl wurde insbesondere darauf geachtet, dass das Entstehungsdatum aller auszuwertenden Beiträge in den Zeitraum nach Freigabe des Internetversandhandels in Deutschland im Jahr 2004 fällt.

Bei der beschriebenen Herangehensweise kann aufgrund der Pseudonymisierung der Foren-Teilnehmer methodisch nicht ausgeschlossen werden, dass bestimmte Teilnehmer möglicherweise unter verschiedenen Spitznamen in mehreren Foren aktiv sind und das Ergebnis auf diese Weise einseitig beeinflussen. Ebenso wenig kann aufgedeckt werden, ob eventuell Beiträge fremdbeeinflusst oder sogar im Auftrag geschrieben worden sind, um eine bestimmte Meinung zu propagieren. Wenn dies der Fall sein sollte, dann hätten sowohl Vertreter von Seiten der Apothekerverbände oder der pharmazeutischen Industrie als auch Lobbyisten des Internethandels die Möglichkeit dazu, da die Foren allen gleichermaßen offen stehen.

---

[45] Vgl. Interview mit Harvard-Forscher Nicholas Christakis, Th.: Tiefes menschliches Bedürfnis, in: UniSpiegel 2 (2008), 34-36.

[46] Vgl. Schaumann, J., Th.: Googlesichere Weste? Was man im Internet sagen und zeigen darf. Und was nicht., in: UniKing 1 (2008), 20-23.

In vereinzelten Fällen haben sich die Teilnehmer sogar als Angestellte in öffentlichen Apotheken bzw. als Mitarbeiter einer Versandapotheke zu erkennen gegeben.

Die computergestützte qualitative Datenanalyse von Internetdaten ist ein noch recht neues Forschungsfeld, dies ist aber weder einer fehlenden Eignung der Daten für die sozialwissenschaftliche Auswertung noch den etwaig mangelnden Fähigkeiten von Computersoftware zur Qualitativen Datenanalyse (QDA), als vielmehr dem Umstand geschuldet, dass diesem Bereich bisher in der Praxis und Methodenliteratur zu wenig Aufmerksamkeit gewidmet wurde[47]. Vielmehr eignet sich diese Methodik sogar sehr gut zur Auswertung der Inhalte von Internetchats und Online-Diskussionsforen. Mit Hilfe der QDA-Software wurde eine vereinfachte, strukturierte und zeitlich beschleunigte Inhaltsanalyse der recherchierten Texte ermöglicht.

Auch wenn diese Untersuchung längst nicht alle existierenden Versandapotheken ermittelt konnte, die deutsche Kunden mit Arzneimitteln beliefern, so lassen sich doch anhand der 61 erfassten Internetversandapotheken bestimmte Aussagen verallgemeinern. Es hat sich gezeigt, dass es unter den Internetapotheken einige wenige bekannte gibt, die von einer bestimmten Personenzahl relativ regelmäßig genutzt werden. Daneben existiert eine Vielzahl von kleinen Versandhändlern, deren Umsatz deutlich niedriger sein dürfte. Auf lange Sicht werden sich nur die professionell agierenden Versandhändler, die mit einer ökonomisch effizient strukturierten Auftragsbearbeitung arbeiten, am Markt behaupten können, wohingegen die kleinen Apotheken, die das Versandgeschäft nebenbei praktizieren, dieses Geschäftsfeld vermutlich bald wieder aufgeben werden.

Die von den Internetnutzern genannten Vorteile der Versandapotheken mögen bis zu einem gewissen Grade zutreffen, müssen aber in jedem Fall differenziert betrachtet werden. Das Argument der Preisersparnis relativiert sich, sobald man die anfallenden Versandkosten bzw. den geforderten Mindestbestellwert der Waren einkalkuliert. Der hohe Stellenwert des Themas Versandkosten offenbart zudem ein Paradoxon, da beim Kauf in der Präsenzapotheke bekanntlich niemals – auch nicht bei Zustellung durch den apothekeneigenen Botendienst – Versandkosten anfallen. Die gesamte Ersparnis beim Kauf im Internet muss somit aus Sicht der Nutzer die Versandkosten zusätzlich rechtfertigen. Ohne gründliche Preisvergleiche – in die auch Angebote örtlicher Apotheken für rezeptfreie Arzneimittel ein-

[47] Vgl. Kuckartz, U./Grunenberg, H.: Qualitative Datenanalyse: computergestützt – Methodische Hintergründe und Beispiele aus der Forschungspraxis (2007), 144.

bezogen werden müssten – ist das Sparen beim Medikamentenkauf im Internet hingegen sehr ungewiss. Es zeugt auch von einem zweifelhaften Sachverständnis, wenn die Patienten dazu animiert werden, ihre Arzneimittel in Großbestellungen und auf Vorrat einzukaufen. Denn Arzneimittel sind unbestritten Waren besonderer Art und können nicht mit anderen Verbrauchsgütern gleichgesetzt werden, die man zu Aktionspreisen im Großgebinde einkauft. Indem viele Forumsteilnehmer zugaben, zum Aufspüren günstiger Arzneimittelpreise auf Internetseiten mit Preissuchmaschinen zurückzugreifen, offenbaren sie, dass der Verbraucher bei der großen Konkurrenz von Versandapotheken den Überblick verliert und sich ohne Hilfe im Internet kaum noch zurechtfindet.

Auch um die Zuverlässigkeit und Schnelligkeit der Internetapotheken ist es unterschiedlich gut bestellt. Zur Sicherstellung einer lückenlosen Versorgung aller Patienten, nicht nur der chronisch Kranken, mit Arzneimitteln ist eine Lieferzeit von vier Tagen und länger – vor allem im akuten Bedarfsfalle – auch vor dem Hintergrund der gesetzlichen Vorgaben, nicht zu akzeptieren. Die von einer Online-Apotheke offerierte Beratungshotline kann ein persönliches Beratungsgespräch mit einem Apotheker des Vertrauens nicht ersetzen. Für eine umfassende Beratung ist es auch erforderlich, dass der Apotheker den Patienten sieht, um die Situation richtig einschätzen zu können. Der Patient ist als Laie oftmals nicht in der Lage selber zutreffend zu beurteilen, ob er zu seinem Medikament hinsichtlich der Anwendung und möglicher Risiken sowie Neben- und Wechselwirkungen eine Beratung benötigt oder nicht. Dies trifft auch auf bekannte Arzneimittel zu, bei denen gleichermaßen unerwünschte Nebenwirkungen und insbesondere Wechselwirkungen mit anderen Medikamenten oder Lebensmitteln auftreten können.

Eine sehr wesentliche Erkenntnis lautet, dass sich Präsenzapotheken nur gegen die Konkurrenz – auch aus dem Internet – behaupten können, wenn sie den Vorteil einer persönlichen und kompetenten Beratung zur Profilierung nutzen. Daher sollte eine nach ökonomischen Gesichtspunkten durchgeführte Prozessoptimierung in der inhabergeführten Apotheke nicht zu Lasten der Kundenberatung gehen. Wirklich überzeugende Argumente für den legalen Versandhandel konnten in den Foren hingegen nicht detektiert werden.

Die negativ beurteilten Eigenschaften von Versandapotheken sollten, trotz der geringeren Stimmzahlen, besorgt stimmen und zum baldigen Umdenken anregen. Berichte über verspätete, falsch zugestellte oder gar nicht erfolgte Arzneilieferungen, unsachgemäße Lager- und Transportbedingungen und teilweise beschädigt gelieferte Waren vermitteln den Eindruck einer deutlich unterschätzten Verantwortung der Versandapotheker und ihrer Lieferanten im Umgang mit der speziellen Ware Arzneimittel. Auch die fehlende oder schlimmstenfalls fehlerhafte Beratung zur Einnahme eines Medikaments stellt eine Gefährdung für die Gesundheit und das Leben der Patienten dar. Wie manche Forumsteilnehmer erkannt haben, hat der Konkurrenzkampf zwischen den Versand- und Präsenzapotheken einen bereits spürbaren Verdrängungswettbewerb ausgelöst. Insbesondere Angehörige der pharmazeutischen Berufe kritisieren, dass dieser fortschreitenden Entwicklung die notfallversorgenden Apotheken vor Ort zum Opfer fallen könnten.

Bei der Auswertung der Forumsdiskussionen hat sich der Verdacht bestätigt, dass der „Hauptzweck" des Bezuges aus dem Internet vielfach der illegale Erwerb von rezeptpflichtigen Arzneimitteln oder – im Falle bestehender Medikamentenabhängigkeit – die Versorgung mit Nachschub ist, ohne sich den kritisch-beratenden Fragen des Apothekers aussetzen zu müssen. Diese Ergebnisse stützen die Befürchtung der Drogenbeauftragten der Bundesregierung, nach deren Ansicht der Onlinehandel mit Arzneimitteln Abhängigkeiten fördert und die Gefahr besteht, dass die Zahl der Medikamentenabhängigen weiter zunehmen wird und bereits Abhängige nicht adäquat beraten werden[48]. Im Rahmen der Auswertung wird aber auch deutlich, dass noch immer zu wenige Internetnutzer für das Risiko sensibilisiert sind, dass sie über diese zweifelhaften Bezugswege möglicherweise an gefährliche Arzneimittelfälschungen geraten können. Dass sie sich außerdem durch die Bestellung verschreibungspflichtiger Arzneimittel ohne Rezept, genauso wie der Versender, nach Arzneimittelgesetz oder Strafgesetzbuch (StGB) strafbar machen können, scheint den meisten Forenteilnehmern ebenfalls nicht bewusst zu sein. De facto ist es aber so, dass sich Verbraucher, die bei illegalen Versandapotheken verschreibungspflichtige Arzneimittel ohne die erforderliche Vorlage einer ärztlichen Verschreibung beziehen, wegen Anstiftung oder Beihilfe (§§26, 27 StGB) zur gemäß §§95 Abs. 1 Nr. 4 und §96 Nr. 13 AMG strafbaren Abgabe verschreibungspflichtiger Arzneimittel ohne Verschreibung außerhalb von Apotheken strafbar sowie der Beteiligung an einer Ordnungswidrigkeit gemäß §97 Abs. 2 Nr. 8 AMG schuldig machen[49].

---

[48] Vgl. http://www.apotheke-adhoc.de/index.php?m=1&showPage=2&id=3277, Meldung v. 18.06.2008; vgl. http://www.abda.de/fileadmin/downloads/pm_pdf/Drogenbeauftragte_kritisiert_Versandhandel_mit_Medikamenten.pdf, Pressemeldung v. 19.06.2008.

[49] Vgl. Dettling, H.-U., Th.: Rechtliche Erfahrungen mit dem Arzneimittelversand aus dem Ausland, in: Arzneimittel & Recht 1 (2008), 11 (16).

Anhand der Nennung einiger häufig bestellter Arzneimittel lässt sich erkennen, dass es sich dabei oft um solche handelt, die mit schwerwiegenden potenziellen Nebenwirkungen oder einem hohen Abhängigkeitspotential behaftet sind und denen die Wahrscheinlichkeit einer missbräuchlichen Anwendung immanent ist. Ebendies hat auch eine Untersuchung des US-amerikanischen Zentrums für Sucht und Substanzmissbrauch (CASA) der Universität Columbia ergeben: Die Studie an 365 Internethändlern belegt, dass in 85 Prozent der Fälle Arzneimittel mit hohem Abhängigkeitspotential, wie beispielsweise starke Schmerzmittel, Schlaf- und Beruhigungsmittel sowie Stimulanzien ohne Rezept versendet wurden; die restlichen 15 Prozent der Internetapotheken akzeptierten zwar nur eine Bestellung mit Rezept, dieses durfte jedoch zum Teil auch gefaxt werden oder wurde nicht auf Volljährigkeit des Bestellers kontrolliert[50]. Wenn die Möglichkeit der Arzneimittelbestellung über das Internet zu einem erheblichen Teil dazu genutzt wird sich solche Waren zu beschaffen, die man aufgrund der damit verbundenen Restriktionen in normalen Apotheken nicht bekommen würde, dann hat die Gesundheitspolitik durch die Freigabe des Internethandels mit Arzneimitteln ihre zum Schutz der Verbraucher verfolgten Ziele verfehlt. Diese Erkenntnis ist besonders schwerwiegend, da es sich bei Arzneimitteln – aufgrund ihres hohen Risikopotentials - um „Waren besonderer Art“ handelt, die nicht nach Gesetzen der Marktwirtschaft gehandelt werden können und auch nicht sollten.

---

[50] Vgl. The National Center on Addiction and Substance Abuse at Columbia University: A CASA White Paper, Th.: 'You've got Drugs!' V – Prescription Drug Pushers on the Internet (2008).

3. Einordnung der Untersuchung von Verbraucherbefragungen zum Versandhandel mit Arzneimitteln

Um die in den Internetforen gewonnenen Erkenntnisse in einem größeren Zusammenhang einordnen zu können und entweder widerlegt oder bestätigt zu finden, sollen in einem zweiten Schritt die Ergebnisse anderer Untersuchungen und Befragungen zu diesem Themenkomplex dargestellt, untereinander und mit den Ergebnissen der Internetanalyse verglichen und diskutiert werden. Dabei erfolgt eine Aufteilung der Untersuchungen in zwei Kategorien: die Betrachtung der von wissenschaftlichen Graduierungsarbeiten einerseits und der von (privaten) Forschungseinrichtungen durchgeführten Erhebungen andererseits. Die Untersuchungen wurden zum Teil nach gezielter Suche im Internet aufgefunden, einige andere wurden freundlicherweise von den Urhebern selbst oder ihren Tutoren zur wissenschaftlichen Auswertung zur Verfügung gestellt. Aufgrund der Unterschiede in den Untersuchungskriterien und Zielsetzungen der ausgewählten wissenschaftlichen Studien, kann der Vergleich lediglich in Form einer narrativen Analyse – bei gleichzeitiger Bemühung um ein hohes Maß an Systematik – erfolgen. Ein besonderes Augenmerk soll bei der Betrachtung der Studien auf die Methodik der Datengewinnung sowie die Größe und Zusammensetzung der befragten Populationen gelegt werden, da diese Informationen Aufschluss über die Repräsentativität der Untersuchung geben können.

3.1. Untersuchungen im Rahmen studentischer Arbeiten

Bei den von Studenten und jungen Wissenschaftlern durchgeführten Befragungen wird angenommen, dass diese größtenteils unbeeinflusst von Drittinteressen konzipiert und ausgewertet werden. Dieses Qualitätsmerkmal steht einer, zumeist mit einer mangelnden Infrastruktur einhergehenden, Selektion der Befragungsteilnehmer gegenüber. Die Gruppe der Befragten ist in der Regel recht klein und spiegelt nicht alle Altersgruppen und Gesellschaftsschichten wider. Mangelnde soziologische Kenntnisse oder auch der Mangel an Zeit bei berufsbegleitenden Forschungsprojekten machen Limitationen bei der Befragung und Ergebnisauswertung unvermeidlich. Die Ergebnisse dieser Studien können daher nicht ohne weiteres verallgemeinert werden, ermöglichen aber wichtige Hinweise und erlauben Rückschlüsse auf sich abzeichnende gesellschaftliche Tendenzen.

In Ermangelung weiterer vorhandener Studien aus Deutschland, die Verbraucherbefragungen zum Thema Versandhandel mit Arzneimitteln beinhalten, wurden eine Diplomarbeit aus Österreich und eine deutschsprachige Dissertation aus der Schweiz in die Analyse einbezogen. Dabei ist jedoch zu berücksichtigen, dass – im Gegensatz zu Deutschland – der Versandhandel mit Arzneimitteln in Österreich gesetzlich verboten und in der Schweiz gesetzlich stark reglementiert und eingeschränkt ist[51].

3.1.1. Untersuchung zum Problembewusstsein bezüglich Arzneimittelfälschungen auf globaler und nationaler Ebene[52]

Wie es der Titel bereits ankündigt, konzentriert sich die ausgewertete Masterarbeit vorrangig auf die Problematik der Arzneimittelfälschungen, die jedoch in enger Beziehung zum Thema Arzneimittelversand steht, da das Internet, nach Aussage der ABDA, nach wie vor der häufigste Vertriebskanal für gefälschte Medikamente ist.

---

[51] Vgl. Schweim, J. K./Schweim, H.G., Th.: Wie andere Länder den Versandhandel regeln, in: DAZ 12 (2008), 64-66.

[52] Kolbeck, R.: Das Problembewusstsein bezüglich Arzneimittelfälschungen auf globaler und nationaler Ebene (2007).

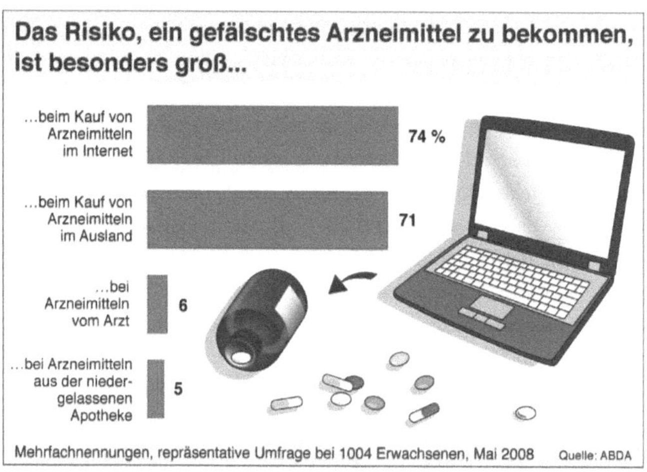

Abbildung 3: Befragung der ABDA zum Thema Arzneimittelfälschungen, Mai 2008

In dieser Studie wurden deutsche Patienten in öffentlichen Apotheken zu ihrer Einschätzung und ihrem Wissensstand bezüglich gefälschter Arzneimittel befragt. Gemessen an der Relevanz für die eigene Untersuchung, sollen ausschließlich die Ergebnisse der Patientenbefragung Berücksichtigung finden, die in diesem Zusammenhang von Interesse sind.

Im Zeitraum Februar bis Juni 2007 wurden Apothekenkunden in öffentlichen Apotheken in den Bundesländern Berlin, Brandenburg und Bayern sowie zusätzlich einige Studenten (8 bis 10) des Instituts für Pharmazie der Freien Universität Berlin mittels Fragebögen befragt. In die Auswertung eingeflossen sind 151 vollständig ausgefüllte Fragebögen, die größtenteils eigenhändig vom Befragten und in lediglich 22 Fällen im Rahmen der Befragung durch eine Mitarbeiterin einer Apotheke ausgefüllt wurden. Bei der Geschlechterverteilung waren mit 91 weiblichen Befragungsteilnehmern die Frauen deutlich stärker vertreten im Vergleich zu den 60 Männern, die sich zur Mitwirkung bereit erklärt hatten. Die Altersstruktur, gestaffelt nach drei Altersgruppen, ergab eine Beteiligung von 24 Prozent der unter 30jährigen – bedingt durch die Befragung der Pharmaziestudenten –, 64 Prozent der 31- bis 60jährigen und 13 Prozent der über 60jährigen.

Das Design des Fragebogens gliederte sich in sieben nummerierte Fragenkomplexe mit jeweils unterschiedlich großem Umfang. Im sechsten Abschnitt wurden die

Verbraucher nach ihrer Einschätzung hinsichtlich der Sicherheit von Arzneimitteln aus verschiedenen Bezugsquellen befragt, wobei vier Optionen zur Auswahl vorgegeben waren. Arzneimittel, die in der öffentlichen Apotheke gekauft wurden, erhielten eine Einschätzung von 83 Prozent als sehr sicher und von 15 Prozent als eher sicher und genießen somit nach wie vor das höchste Vertrauen der Patienten. Deutsche Versandapotheken wurden zwar nur zu 19 Prozent als sicher, aber immerhin zu 58 Prozent als eher sicher und zu 17 Prozent als eher unsicher eingeschätzt. Schlechter sah das Ergebnis für EU-Versandapotheken aus, welche von nur 29 Prozent als eher sicher, aber zu 49 Prozent als eher unsicher oder sogar von 19 Prozent als sehr unsicher bezeichnet wurden. Das geringste Vertrauen haben die befragten Patienten in Versandapotheken aus Ländern außerhalb der Europäischen Union, da sie diesen bescheinigten zu 29 Prozent eher unsicher und sogar zu 69 Prozent sehr unsicher zu sein. Als wichtigstes Ergebnis dieser Untersuchung bleibt festzuhalten, dass Verbraucher im Prinzip nicht in der Lage sind, das Vorliegen einer Fälschung anhand vorgegebener Kriterien zu beurteilen.

3.1.2. Untersuchung zu Online-Apotheken versus ‚Apotheken um die Ecke'[53]

Die analysierte Diplomarbeit befasst sich mit dem Konsumentenverhalten im E-Commerce auf dem österreichischen Apothekenmarkt. Dabei sollten die Unterschiede im Kaufverhalten im Bereich der traditionellen Apotheke um die Ecke gegenüber dem Online-Versandhandel via Internet aufgezeigt sowie die allgemeine Einstellung der österreichischen Verbraucher zu Online-Apotheken eingeschätzt werden. Zu diesem Zweck wurde eine auf einer Literaturrecherche basierende Verbraucherbefragung als empirische Untersuchung durchgeführt, wobei sich der Fragebogen aus einem stark strukturierten Fragengerüst und größtenteils geschlossenen Fragen zusammensetzte. Die Befragung wurde zum einen Teil online und zum anderen Teil mündlich vor stationären Apotheken durchgeführt, dabei erfolgte eine demographische Einteilung der Befragten nach Alter, Geschlecht und Bildung. Die Stichprobe umfasste 100 Probanden, unter denen die Geschlechterverteilung einen Anteil von 48 Prozent Frauen und 52 Prozent Männern ausmachte. Der Großteil der Befragten war im Alter von 20 bis 29 Jahren (53 Prozent) oder 30 bis 39 Jahren (25 Prozent), nur 6 Prozent waren unter 20 Jahre und die restlichen 16 Prozent über 40 Jahre alt.

[53] Kuzdas, S.: Online-Apotheken versus „Apotheke um die Ecke" (2007).

Gefragt nach dem Stellenwert von Apothekenleistungen wurden Aspekte wie „Fernbestellung“, „Heimlieferservice“ und sogenannte „Give Aways“, das heißt Werbegeschenke, als überwiegend unwichtig eingeschätzt, die Bewertung der „Preisgünstigkeit“ bewegte sich eher im Mittelfeld.

Eigene Erfahrungen mit dem Online-Versandhandel haben demnach nur 4 Prozent der Befragten, zufälligerweise ausschließlich Männer, durch Bestellung bei einer Onlineapotheke gesammelt. Für den Fall, dass der Versandhandel in Österreich gesetzlich gestattet werden sollte, würden allerdings 35 Prozent der Befragten dieses Angebot nutzen wollen, ein Drittel lehnt den Versandhandel vollkommen ab und der Rest konnte – bei gleicher Verteilung von Männern und Frauen – keine Angabe zu dieser Frage machen.

Argumente für den Versandhandel werden jedoch sowohl von Anhängern als auch von erklärten Gegnern genannt: Während Befürworter insbesondere die Bequemlichkeit der Geschäftsabwicklung (80 Prozent), Ersparnis von Anfahrt und Weg (71 Prozent), Kostenersparnis (48 Prozent) und Zeitersparnis (45 Prozent) schätzen, betrachten selbst Kritiker die Kostenersparnis (53 Prozent), eine große Auswahl an Produkten (38 Prozent) und die Bequemlichkeit der Abwicklung (34 Prozent) als Vorteile. Unter den Unentschlossenen rangiert die Bequemlichkeit der Abwicklung mit 52 Prozent auch am höchsten, gefolgt von der Kostenersparnis (48 Prozent) und der Ersparnis von Anfahrt und Weg (45 Prozent).

Hinsichtlich der Art der Produkte, die die verschiedenen Personengruppen bei Versandapotheken bestellen würden, zeigen sich unterschiedliche Auffassungen: Die vom Versandhandel überzeugten Befürworter würden nahezu das gesamte Sortiment ihrer benötigten Medikamente online bestellen: 69 Prozent der rezeptfreien, apothekenpflichtigen Arzneimittel, 49 Prozent der rezeptpflichtigen Arzneimittel und 43 Prozent der freiverkäuflichen Arzneimittel. Die Gegner eines Versandhandels hingegen würden den Versandweg nur zum Kauf von Kosmetika und Körperpflegeprodukten (44 Prozent) oder freiverkäuflichen Medikamenten (34 Prozent) nutzen. Etwa die Hälfte der Unentschlossenen wäre bereit, rezeptfreie, apothekenpflichtige Arzneimittel bei Versandapotheken zu bestellen.

Die Verbraucher wollen ihre Medikamente auch beim Bezug über den Versandweg schnell bekommen und halten die Lieferzeiten von Onlineapotheken für optimierungsbedürftig. So wären lediglich 36 Prozent der Befragten mit einer durchschnittlichen Lieferdauer von zwei Tagen zufrieden, mehr als fünf Tage Wartezeit würde hingegen niemand akzeptieren.

Als häufigste Gründe für die Ablehnung des Versandhandels wurden genannt: das Fehlen einer persönlichen Fachberatung (78 Prozent), eine fehlende Überprüfung der Medikamentenqualität (50 Prozent) und ein generell fehlendes Vertrauen in den Versandhandel (41 Prozent). Darüber hinaus befürchten viele die mit einer Bestellung verbundene Zeitdauer und Umständlichkeit und schrecken vor der schwierigen Handhabung der Website einer Internetapotheke zurück.

Die derzeit überwiegende Einkaufsstätte für Arzneimittel ist nach Auswertung der Umfrage mit 91 Prozent nach wie vor die öffentliche Apotheke, in der auch bei bestehender Möglichkeit der Online-Bestellung weiterhin 84 Prozent der Befragten ihre Medikamente kaufen würden. Zwar könnten sich 51 Prozent der Befragten vorstellen, ihre Arzneimittel zusätzlich im Internet zu bestellen, aber dennoch würde nach den Ergebnissen dieser Befragung die öffentliche Apotheke – selbst bei einer Öffnung des Versandhandels in Österreich – ihre Vormachtstellung behalten.

3.1.3. Untersuchung zur Arzneimittelinformation für Apotheker und Patienten – Analyse der Anforderungen, des Angebots, der Nutzung und der Rolle des Internets[54]

In seiner Dissertation widmet sich der Autor insbesondere der Fragestellung nach dem Informationsverhalten von Patienten hinsichtlich Arzneimittel und welche Rolle das Internet zur Befriedigung von Informationsbedürfnissen auf diesem Gebiet spielt. Ein Bestandteil der Studie mit dem Titel *"Drug information sources used by patients: A survey in Swiss community pharmacies with special focus on new information technologies"* – der auch als eigenständige Veröffentlichung erschienen ist – bot sich inhaltlich für die Einbeziehung in diese Analyse an.

Zur Klärung der Frage nach dem Informationsverhalten von Patienten wurde eine mündliche Patientenbefragung bezüglich der Nutzung, der Wünsche und Bedürfnisse hinsichtlich einer wirksamen Arzneimittelinformation unter Berücksichtigung der Rolle der Apotheke durchgeführt. Teilnehmer der Befragung waren zufällig ausgewählte deutschsprachige Apothekenkunden über 16 Jahre in neun verschiedenen Apotheken. Die stark strukturierten, aus insgesamt 41 teils offenen, teils geschlossenen Fragen bestehenden Einzelinterviews wurden von eigens zu diesem Zweck geschulten Pharmaziestudenten geführt.

---

[54] Zehnder, S.: Arzneimittelinformationen für Apotheker und Patienten - Analyse der Anforderungen, des Angebots, der Nutzung und der Rolle des Internets (2005).

Von den 328 angesprochenen Personen erklärten sich 203 zu einem vollständigen Interview bereit, woraus sich eine Antwortrate von 62 Prozent ergab. Die Interviewten waren zu 65 Prozent Frauen und zu 35 Prozent Männer, das durchschnittliche Alter lag bei 44,5 Jahren. Bei der Mehrheit der Befragten handelte es sich um Angestellte (36 Prozent) oder Hausfrauen (17,7 Prozent), die die Apotheke zur Einlösung eines Rezepts (43,5 Prozent) oder zum Kauf von OTC-Arzneimitteln (34,1 Prozent) aufgesucht hatten; 70 Prozent der Befragten waren Stammkunden der Apotheke, in der sie angetroffen wurden.

Die Umfrage ergab, dass die meisten Patienten zur Lösung von arzneimittelbedingten Fragen noch immer an erster Stelle den Apotheker, gefolgt vom Arzt, um Rat fragen. Von den Befragten nutzen 49 Prozent das Internet zur Informationsbeschaffung und unter ihnen suchen 61 Prozent - wenn auch unregelmäßig – nach Informationen im Gesundheitsbereich. Zufrieden mit der Qualität der Informationen im Internet ist der mit 67,2 Prozent größte Anteil jedoch nur teilweise, 36,7 Prozent der Befragten haben hohes Vertrauen in die Zuverlässigkeit der gefundenen Informationen, 46,7 Prozent haben hingegen nur mittelmäßiges Vertrauen.

Unter den Befragten fanden sich nur 2 Prozent, die bereits Arzneimittel über das Internet bezogen haben. Aber 31,3 Prozent könnten sich vorstellen, ihre Medikamente zukünftig online zu kaufen und führen als Argumente, die für den Versandhandel sprechen, Bequemlichkeit, Zeitersparnis, Preisvorteile, Anonymität und die 24-stündige Erreichbarkeit der Internetapotheke an. Mehr als die Hälfte der Befragten, 55,6 Prozent, halten Internetapotheken für unnötig und gedenken ihre Medikamente nicht auf diesem Vertriebsweg zu erwerben. Als Gründe für die Ablehnung des Medikamentenversandes nennen sie unzureichende Sicherheit, fehlende individuelle Beratung, fehlenden persönlichen Kontakt mit dem Apotheker, lückenhaften Datenschutz, lange Wartezeit auf das Medikament und zweifelhafte Qualität und Herkunft der Arzneimittel. Die verbleibenden 13,1 Prozent sind in ihrer Meinung zu diesem Thema noch unentschlossen.

Ein weiterer Bestandteil der Untersuchung widmet sich der Präsenz und Tätigkeit von Deutsch-Schweizerischen Apotheken im Internet. Mit stetig steigender Tendenz sind entsprechende Apotheken im Internet zu finden, in den Jahren 2001 bis 2003 hat sich die Anzahl bereits verdreifacht. Die Auswertung eines an 107 Apotheken geschickten Onlinefragebogens mit einer Rücklaufquote von 58 Prozent – hat ergeben, dass 46 Prozent der Apotheken seit ein bis zwei Jahren und 42 Prozent sogar seit bis zu fünf Jahren im Internet präsent sind, unter diesen haben 67 Prozent eine eigene Homepage und 33 Prozent sind einem Apothekenportal angeschlossen. Immerhin 40 Prozent der Antwortenden bieten ihren Kunden sogenannte E-Commerce-Dienste – das heißt eine Bestellmöglichkeit für Arzneimittel – an, von denen wiederum 80 Prozent dieses Angebot beibehalten wollen und weitere 12 Prozent planen es zu erweitern. Allerdings sind 56 Prozent der Apotheker die gesetzlichen Regelungen der Schweiz zum Versandhandel mit Arzneimitteln nur teilweise bekannt. Damit zeichnet sich eine deutliche Diskrepanz zwischen dem rechtlichen Status – einem grundsätzlichen Verbot des Arzneimittelverkaufs im Internet –, dem faktisch existenten Angebot und der potentiellen Nachfrage ab. Nach Auskunft der E-Commerce betreibenden Apotheken werden jedoch mit einem Anteil von 39 Prozent am häufigsten nicht-pharmazeutische Produkte wie Kosmetik und Nahrungsergänzungsmittel bestellt.

3.2. Untersuchungen von Meinungsforschungsinstituten

Die im Folgenden einbezogenen Untersuchungen wurden mit der Maßgabe betrachtet, dass hauptberufliche Meinungsforscher in der Regel mit professionellen Befragungsmethoden arbeiten und größere sowie heterogene Verbraucherkollektive in ihren Untersuchungen berücksichtigen können. Daher dürften viele dieser Umfragen als repräsentativ für bestimmte Bevölkerungsteile angesehen werden. Neben diesen, die Datenqualität erhöhenden Aspekten muss allerdings der Faktor berücksichtigt werden, dass eine Beeinflussung der Ergebnisse, je nach Auftraggeber der Studie, nicht völlig ausgeschlossen werden kann.

3.2.1. Roland Berger Strategy Consultants: Der Gesundheitsmarkt 2008

Die Unternehmensberatung *Roland Berger Strategy Consultants* wurde 1967 gegründet und verfügt mittlerweile über 36 Niederlassungen in 25 verschiedenen Ländern. Im Rahmen der nach Branchen aufgegliederten Tätigkeit für eine sowohl internationale Konzerne als auch öffentliche Einrichtungen umfassende Kundschaft werden marktspezifische Analysen, unter anderem auch für den Bereich „Pharma & Healthcare“, erstellt[55].

Die im Juli 2008 veröffentlichte *Roland Berger*-Studie „Der Gesundheitsmarkt – Sicht der Bürger – Strategien der Anbieter“ zum Wandel des deutschen Gesundheitsmarkts verfolgte den Zweck darzustellen, wie sich die Bedürfnisse der Verbraucher in bezug auf das Gesundheitsangebot verändert haben und wie etablierte sowie neue Anbieter des Gesundheitssektors diese Wünsche bedienen. Obwohl die Aussagen der Studie auf einer Befragung der Bürger in ihren Rollen als Kunden, Versicherte und Patienten beruhen, waren keine detaillierteren Angaben zur Größe und Demographie des Befragtenkollektivs aufzufinden.

Unter dem Aspekt der Strategien der Anbieter am Gesundheitsmarkt widmet sich die Untersuchung des *Roland Berger* Marktforschungsunternehmens auch dem Potential neuer Vertriebswege für Arzneimittel. So prognostizieren die Autoren der Studie die Abschaffung des deutschen Apothekenmehr- und -fremdbesitzverbots im Rahmen der EU-weiten Harmonisierung und nennen beispielhaft die Drogerieketten Schlecker und dm sowie den Großhändler Celesio, die sich durch die Zusammenarbeit mit verschiedenen Versandapotheken für die Liberalisierung

[55] Vgl. http://www.karriere.rolandberger.com.

des Arzneimittelmarktes wappnen[56]. Die Ergebnisse der Befragung besagen, dass 37 Prozent der Interviewten sich vorstellen können, ihre verschreibungspflichtigen Arzneimittel zukünftig in einer Internetapotheke zu kaufen; in der Altersgruppe der 18 bis 49-Jährigen soll sogar jeder zweite die Bereitschaft bekundet haben, seine Medikamente im Internet zu bestellen. Nicht unerwähnt bleiben darf in diesem Zusammenhang, dass den Befragten bei Möglichkeit der Mehrfachnennung auch andere Antwortoptionen als mögliche Bezugsquellen für Medikamente zur Wahl gestellt wurden. In der Gesamtbetrachtung landete die Internetapotheke nur auf dem dritten Platz hinter der „herkömmlichen“ öffentlichen Apotheke mit 88 Prozent und Apothekenketten mit 54 Prozent der Stimmen. Auf den unteren Rängen finden sich Drogeriemärkte (30 Prozent), Supermärkte (13 Prozent), Tankstellen (6 Prozent) und Kioske (5 Prozent).

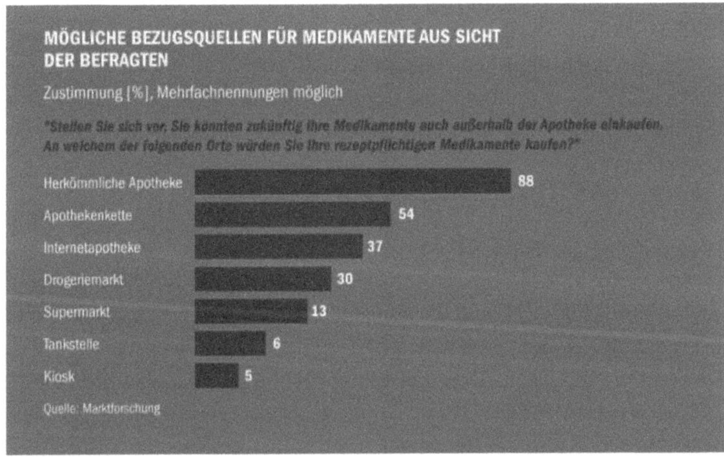

Abbildung 4: Vom "Apotheken-Dogma" zu neuen Vertriebswegen, aus: Roland Berger Studie "Der Gesundheitsmarkt - Sicht der Bürger - Strategien der Anbieter"

Die Untersuchung der *Roland Berger Strategy Consultants* zum Deutschen Gesundheitsmarkt lässt Transparenz hinsichtlich der Befragungsparameter vermissen, da sämtliche Angaben zur Größe und Zusammensetzung des Teilnehmerkollektivs

[56] Vgl. Kartte, J./ Neumann, K.: Roland Berger Studie ‚Der Gesundheitsmarkt – Sicht der Bürger – Strategien der Anbieter‘, 32.

verschwiegen werden. Daher ist es kaum möglich, die Relevanz der Befragung zu bewerten und mit den anderen Untersuchungen zu vergleichen. Da sich die Untersuchung mit der Entwicklung des Gesundheitsmarktes in Deutschland als Ganzes befasst, macht der Aspekt des Arzneimittelversandhandels verständlicherweise nur einen kleinen Teil aus. Dennoch sind die zu diesem Befragungsteil erlangten Ergebnisse äußerst verknappt und undifferenziert dargestellt. Die Aussage darüber, wie viele der Befragten sich vorstellen können ihre Arzneimittel in einer Internetapotheke zu kaufen, steht relativ zusammenhanglos im Text und wird durch keinerlei Argumente gestützt. Somit fällt es schwer, sich nach der Lektüre dieser Studie ein Bild davon zu machen, wie viele Verbraucher ein tatsächliches Interesse daran haben, ihre Arzneimittel im Internet zu kaufen und welches realistische Wachstumspotential dieser Markt in sich birgt.

3.2.2. Sempora Management Consultants: Health Care Studie 2008

Der Beratungsdienstleister *Sempora Management Consultants* offeriert seiner Kundschaft Unterstützung von der Strategieentwicklung bis hin zur Projektumsetzung. Mit seinen Fokusbereichen, zu denen auch der Markt „Healthcare" zählt, setzen sich die Mitarbeiter von *Sempora* regelmäßig in Veröffentlichungen und Studien auseinander[57].

Nach wiederholter Berichterstattung über den Umbruch in der Arzneimittelversorgung in mehreren Ausgaben des unternehmenseigenen Management Magazins „Valuescope", erfolgte im Jahr 2008 eine, auf eigene Initiative durchgeführte, großangelegte Untersuchung des Marktforschungsunternehmens *Sempora* zu den zukünftigen Strukturen in der deutschen Arzneimitteldistribution. Die Grundlage für die Erhebungen der Studie mit dem Titel „Sempora Health Care Studie 2008 - Zukünftige Strukturen in der deutschen Arzneimittelversorgung" zum Apothekenmarkt bildete eine Befragung von 103 Apothekern, 38 Entscheidern aus herstellenden Pharmaunternehmen und 160 privaten Verbrauchern in den Monaten April und Mai diesen Jahres.

Unter den Ergebnissen der Studie findet sich die mehrheitliche Prognose der befragten Apotheker und Industrieunternehmen, dass Versandapotheken ihren derzeitigen Marktanteil von 3 bis 4 Prozent im Jahr 2010 auf 5 bis 7 Prozent ausbauen werden. Im Vergleich zu den Erhebungen der Jahre 2005 und 2007 konnte ein

57 Vgl. http://www.sempora.com/german/index.html.

kontinuierlich wachsender Anstieg der Markenbekanntheit der Internetapotheke DocMorris festgestellt werden, deren Name im Jahr 2008 immerhin 48 Prozent der Befragten ein Begriff ist. Zu den weit abgeschlagenen, aber noch relativ gut bekannten Versandapotheken gehören laut *Sempora Management Consultants* die Europa Apotheek Venlo (19 Prozent), Sanicare (13 Prozent), Versandapotheke (13 Prozent) und Zur Rose (9 Prozent); alle übrigen Namen waren weniger als 5 Prozent der Befragten bekannt.

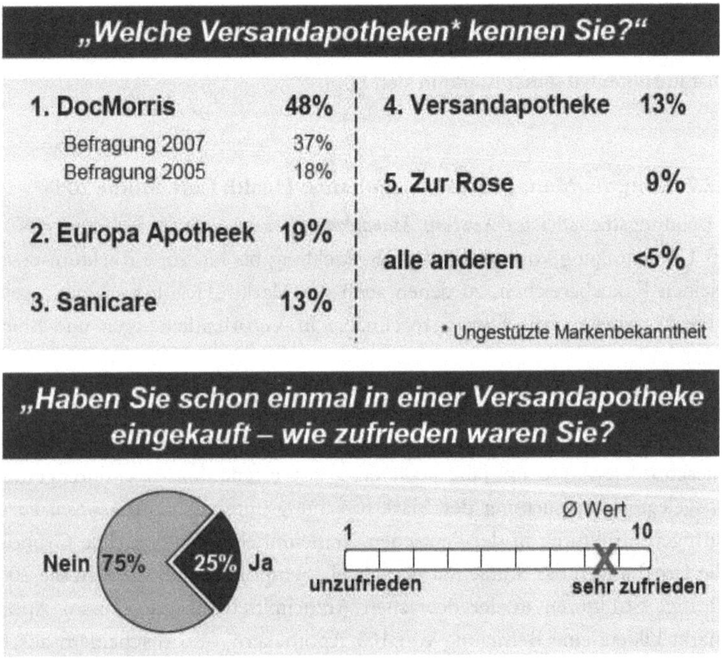

„Welche Versandapotheken* kennen Sie?"

1. DocMorris 48%
Befragung 2007 37%
Befragung 2005 18%
2. Europa Apotheek 19%
3. Sanicare 13%
4. Versandapotheke 13%
5. Zur Rose 9%
alle anderen <5%
* Ungestützte Markenbekanntheit

„Haben Sie schon einmal in einer Versandapotheke eingekauft – wie zufrieden waren Sie?

Nein 75%
25% Ja
Ø Wert
1
10
unzufrieden
sehr zufrieden

Abbildung 5: Befragung zur Bekanntheit von Versandapotheken und Kundenzufriedenheit, aus: „Sempora Health Care Studie 2008"

Von den befragten Verbrauchern gaben 5 Prozent an, dass sie bereits heute ihre Medikamente bevorzugt im Internet bestellen. Ein Viertel der Befragten bejahte die Frage, ob sie schon einmal in einer Versandapotheke eingekauft hätten und bescheinigte dem Versandhändler durch eine Bewertung mit neun von zehn möglichen Punkten eine durchschnittlich sehr hohe Kundenzufriedenheit.

Befragt nach den wichtigsten Kriterien für die Auswahl einer Apotheke nannten die Verbraucher mit 60 Prozent die Lage und mit 40 Prozent die Qualität der Beratung als die zwei entscheidungserheblichsten Merkmale. Im Mittelfeld bewegen sich vor allem Aspekte wie Öffnungszeiten (33 Prozent), Freundlichkeit des Apothekenpersonals (32 Prozent), Erreichbarkeit (31 Prozent) und die Nähe der Apotheke zum behandelnden Arzt (23 Prozent). Mit nur 13 Prozent Nennungshäufigkeit nimmt das Thema Preise eine eher untergeordnete Rolle bei der Apothekenauswahl ein, und das Image einer Apotheke wird von den Verbrauchern als Auswahlkriterium nahezu komplett außer Acht gelassen.

Ähnlich wie die Roland Berger Studie ist auch die Untersuchung durch die *Sempora Management Consultants* auf eine eher breite Betrachtung der zukünftigen Arzneimittelversorgung angelegt. Für die Interpretation der Ergebnisse ist die Information von Bedeutung, dass sowohl Apotheker und Pharmaunternehmer befragt worden sind als auch eine Gruppe von 160 privaten Verbrauchern. Bedauerlicherweise fehlen auch in dieser Studie jegliche demographischen Angaben zur befragten Verbrauchergruppe. Andererseits weist die Analyse eine übersichtliche Struktur auf, welche die Antworten der verschiedenen Befragungsgruppen erkennbar voneinander abgrenzt und daher unverfälschte Rückschlüsse auf die Bedürfnisse der Verbraucher gestattet.

3.2.3. Institut für Handelsforschung (IfH): „Zielgruppenanalyse für den Versandhandel mit Arzneimitteln – Auszug aus der Studie ‚Apotheken und Versandhandel 2005'"

Das *Institut für Handelsforschung (IfH)* der Universität zu Köln hat den Status eines sogenannten An-Instituts, das heißt, es handelt sich um eine organisatorisch sowie rechtlich eigenständige Forschungseinrichtung, die der Hochschule angegliedert ist. Einer von insgesamt fünf inhaltlichen Schwerpunktbereichen des *IfH* ist die Forschungsstelle für Arzneimitteldistribution (FOFAD), die sich insbesondere mit Fragestellungen im Spannungsfeld zwischen Management, Controlling, Marketing und Vertrieb des Arzneimittelmarktes beschäftigt, so auch dem Versandhandel mit Arzneimitteln[58].

Der nachfolgend dargestellten, im Jahr 2005 als Bestandteil der Studie „Apotheke und Versandhandel 2005“ durchgeführten „Zielgruppenanalyse für den Versandhandel mit Arzneimitteln“ des *IfH* liegt eine onlinebasierte Konsumentenbefragung zu Grunde, die in einem Zeitraum von insgesamt 20 Tagen im April und Mai 2005 auf den Online-Portalen verschiedener Zeitschriften und Magazine durchgeführt wurde. In die Auswertung eingeflossen sind 2.120 vollständig ausgefüllte und geprüfte Fragebögen, die von den Autoren der Studie als „repräsentativ für die Grundgesamtheit der gesundheitsinteressierten Internetnutzerschaft, vor allem Frauen der Altersklasse von 20 bis 49 Jahren“ bezeichnet werden[59].

Befragt nach ihrer Einschätzung zur allgemeinen Bedeutung von Apothekenleistungen stellten die Verbraucher insbesondere die Aspekte produktbezogener Informationsleistungen – dazu zählen u.a. „ergänzende Hinweise zu Wirkungen, Dosierung, Einnahme/Anwendung, Unverträglichkeit des Arzneimittels“, "Informationen über ergänzende Produkte, Marktneuheiten, andere Darreichungsformen", "Angebot mehrerer Produktalternativen/verschiedener Packungsgrößen" sowie "persönliche Empfehlung des Apothekers" – Preisgünstigkeit und die Möglichkeit bargeldloser Bezahlung als überdurchschnittlich wichtig heraus. Die Einschätzung erfolgte auf einer Bewertungsskala von 1 (völlig unwichtig) bis 5 (sehr wichtig).

Anhand der Präferenz bei den Anforderungskriterien an Apotheken erfolgte eine Segmentierung der Befragten in vier unterschiedliche Zielgruppen: Die mit 46 Prozent größte Gruppe der sogenannten Informations- und Preissucher, die zweitgrößte Gruppe der sogenannten Bequemlichkeits- und Preissucher (28,4 Prozent), die sogenannten Alles-Woller (16,4 Prozent) und die sogenannten Wunschlosen (9,3 Prozent). Die beiden Gruppen der Informations- und Preissucher sowie Bequemlichkeits- und Preissucher sind nicht nur diejenigen mit dem eindeutigsten Verbraucherprofil, sondern zugleich auch jene, deren Bedürfnisse – nach Einschätzung der Studienautoren – am ehesten durch ein Online-Angebot befriedigt werden können. Daraus können sich mögliche Leistungsanforderungen der Verbraucher an Internet- und Versandapotheken ergeben.

---

[58] Vgl. http://www.ifhkoeln.de/arzneimitteldistribution_350901.php, vgl. http://www.ifhkoeln.de/fofad_616301.php.

[59] Vgl. Wilke, K./Heckmann, S.: Zielgruppenanalyse für den Versandhandel mit Arzneimitteln – Auszug aus der Studie Apotheken und Versandhandel (2005), 3.

Von den Informations- und Preissuchern lehnen jedoch fast 50 Prozent (exakt: 49,8 Prozent) den Arzneimittelkauf im Internet oder über den Versandhandel ab und weniger als 10 Prozent haben bisher überhaupt Erfahrungen mit dieser Form des Medikamentenvertriebs gemacht. Es zeigt sich, dass bereits die Hälfte der Angehörigen dieser Gruppe als potentielle Kundschaft von Internet- und Versandapotheken ausgeschlossen werden kann und insgesamt eine geringe Bereitschaft vorherrscht, diesen Vertriebsweg auszuprobieren.

In der Gruppe der Bequemlichkeits- und Preissucher finden sich hingegen 27,9 Prozent mit dem Einkauf von Arzneimitteln im Internet oder über den Versand Erfahrene, etwa 10 Prozent kaufen regelmäßig und weitere 10 Prozent gelegentlich über diesen Distributionsweg ihre Medikamente. Für die Verbraucher dieser Gruppe spielen die Argumente Kostenersparnis, Bequemlichkeit und Ersparnis von Anfahrt und Weg eine große Rolle. Im Vergleich zur Gesamtstichprobe wiesen die Verbraucher in dieser Zielgruppe darüber hinaus ein erhöhtes Interesse für den Bezug von rezeptpflichtigen, rezeptfreien und freiverkäuflichen Arzneimitteln auf. Dem spezifischen Anforderungsprofil der Bequemlichkeits- und Preissucher lassen sich zusammengefasst folgende Kundenansprüche entnehmen, denen eine Internet- oder Versandapotheke gerecht werden sollte: Kostenersparnis bei Arzneimitteln, Bequemlichkeit in der Geschäftsabwicklung, Ersparnis von Anfahrt und Weg sowie Zeitersparnis. Nach Erfahrung der Verbraucher ist die Lieferzeit hingegen noch optimierungsbedürftig, da nur 31,3 Prozent mit einer durchschnittlichen Wartezeit von drei Tagen auf die bestellten Medikamente zufrieden sind.

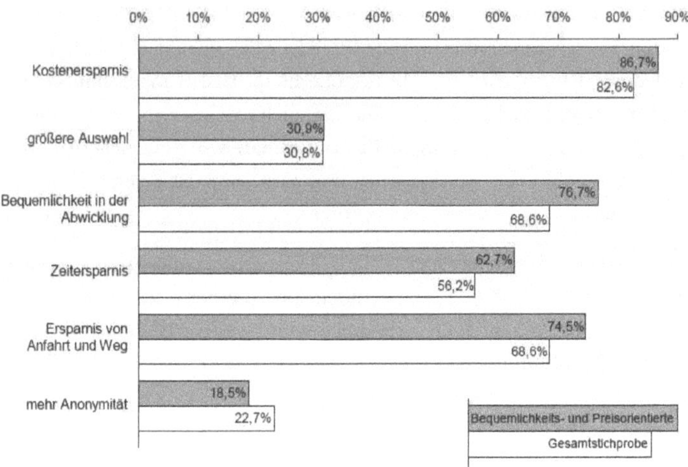

Abbildung 6: Vorteile des Versandhandels mit Arzneimitteln aus Sicht der Bequemlichkeits- und Preisorientierten, aus: IfH-Studie „Apotheken und Versandhandel 2005"

3.2.4. Marktforschungsinstitut LINK: „Umfrage zu Kauf- und Kommunikationsvorlieben der deutschen Apothekenkunden", 2008

Als deutscher Ableger des schweizerischen *LINK* Instituts wurde 1986 in Frankfurt am Main ein Spezialinstitut mit der Kernkompetenz computergestützter telefonischer Befragungen, sogenannte CATI (= Computer-Assisted Telephone Interview) gegründet. Seitdem hat das deutsche *LINK Institut* sein Forschungs- und Beratungsspektrum auf qualitative Studien, Online-Forschung, schriftliche Befragungen, die Koordination von Studiotests und „Face-to-Face"-Befragungen ausgeweitet. Die von *LINK* angewandte Methode ist die sogenannte Umfrageforschung, wobei auf Grundlage direkter Befragungen die Erforschung von Zusammenhängen in anonymer Form erfolgt, so dass die Antworten der Befragten nicht direkt für Verkaufszwecke verwendet werden[60].

Im August 2008 führte das *LINK Institut* im Auftrag von *HORIZONT*, einer Zeitung für Marketing, Werbung und Medien, eine Umfrage zu Kauf- und Kommunikationsvorlieben der deutschen Apothekenkunden durch[61]. Befragt wurden insgesamt 1.000 Personen im Alter ab 14 Jahren. Diese sollten die Attraktivität ver-

[60] Vgl. http://www.link-institut.de.

[61] Veröffentlicht in HORIZONT (2008) 39 am 25.09.2008.

schiedener Vertriebskanäle für Arzneimittel auf einer Skala von minimal 1 bis maximal 5 Punkten bewerten. Mit einem Ergebnis von durchschnittlich 2,03 Punkten landete das Internet an vierter Stelle hinter Apotheke (4,20), Arztpraxis/Klinik (3,42) und Reformhaus (2,45), die beiden letzten Plätze belegten Supermarkt (1,86) und Katalog (1,69). Nach Altersgruppen unterteilt, kam der Vertriebsweg Internet auf folgende Werte: 2,11 Punkte bei den 14- bis 29jährigen, 2,19 Punkte bei den 30- bis 49jährigen und 1,86 Punkte bei den über 50jährigen.

3.2.5. GfK Marktforschung: Projekt GPI medic*scope zur Frage „Wie entwickeln sich der E-Commerce und der Versandhandel im Bereich Gesundheit (Arzneimittel und Nicht-Arzneimittel)?" – Stand: 2007[62]

Die *GfK Gruppe* ist, nach eigener Aussage, mit über 10.000 Beschäftigten eines der größten Marktforschungsunternehmen der Welt[63]. Mit dem Selbstverständnis eines sogenannten „Full-Service-Instituts" ist die *GfK* in allen wichtigen Konsumgüter-, Pharma-, Medien- und Dienstleistungsmärkten tätig, wobei das Angebot die drei Sektoren Custom Research, Retail and Technology und Media umfasst. Im Bereich Health Care/Pharma deckt die *GfK* die Pharma- und Gesundheitsmärkte in Amerika, Asien und Europa ab und bietet unter anderem Analysen zu Fragen der Produktentwicklung und Markenkommunikation, Imagepflege und Preisbindung von Medikamenten sowie Marktpositionierung und Kundenzufriedenheit an.

Ein wichtiges Marktforschungsinstrument für den Gesundheitsmarkt ist das Projekt *medic*scope*, welches kontinuierlich seit 1989 mit Unterstützung der *GPI* (= Gesellschaft für Pharma-Informationssysteme) *Kommunikationsforschung* durchgeführt wird. Dabei handelt es sich um eine permanente Erfassung des Käufer- und Verbraucherverhaltens im Hinblick auf die Verordnung sowie die Selbstmedikation in der Apotheke und dem sogenannten „Mass Market"[64] Gesundheit; seit 2004 wird auch der Versand- und Onlinehandel in die Befragung einbezogen. Die Stichprobe der Befragten besteht aus einem feststehenden Forum von 20.000 deutschen Personen, die die private deutsche Einkaufsbevölkerung über 20 Jahre repräsentieren. Methodisch erfolgt die monatliche Abfrage eines schriftlichen Tagebuchs, in dem

---

[62] Referat von Herrn Walter Pechmann, Mitarbeiter der *GPI Kommunikationsforschung*, am 24. September 2008 im CHC Studiengang.

[63] Vgl. http://www.gfk.com.

[64] Massenmarkt: Marktform, die sich durch eine hohe Nachfrage bei gleichzeitig starker Konkurrenz auszeichnet.

die befragten Personen über ihre Arzneimitteleinkäufe und -verschreibungen berichten.

Zusammengefasst unter dem Begriff „Nichtstationäre Apotheken“ wird die Marktentwicklung von Versand- und Internetapotheken seit der gesetzlichen Freigabe des Internethandels mit Arzneimitteln im Jahr 2004 nachvollzogen: Bei Betrachtung des Datenstandes, offenbart sich, dass dieses Marktsegment im ersten Halbjahr 2008 über eine Kundschaft von 6,7 Millionen Käufern (zweites Halbjahr 2004: 1,9 Millionen) und eine sogenannte Käuferreichweite – gemeint ist der Anteil an allen Apothekenkunden – von 15,6 Prozent (zweites Halbjahr 2004: 4,6 Prozent) verfügte. Der Anteil von Versand und Internet an OTC-Käufen in allen Apotheken kann im ersten Halbjahr 2008 ebenfalls einen deutlichen Anstieg auf 5,9 Millionen Käufer verzeichnen (zweites Halbjahr 2004: 1,1 Millionen Käufer), welcher jedoch insbesondere einem hohen Umsatz an Apothekenkosmetik zuzuschreiben ist. Hingegen ist der Anteil von Versand und Internet an allen Apothekenverkäufen von verschreibungspflichtigen Präparaten (sogenannten Rx-Produkten) mit 2,4 Millionen Käufern und 6,5 Prozent Käuferreichweite im ersten Halbjahr 2008 rückläufig, welches dem Umstand geschuldet ist, dass weniger Rezepteinlösungen und Arzneibestellungen von chronisch Erkrankten im Internet oder auf dem Wege des Versandes getätigt werden. Durch einen Absatz von 64,2 Millionen Packungen an OTC- und nur 22,8 Millionen Packungen an Rx-Produkten im ersten Halbjahr 2008 zeichnet sich insgesamt eine erhöhte Dynamik in der Selbstmedikation ab. Die Verbraucherbefragung im Rahmen von *GPI medic*scope* zeigt ebenfalls auf, dass über Internet und Versand gezielt große und/oder teurere Packungen erworben werden: So lag der Durchschnittspreis pro Packung im ersten Halbjahr 2008 bei 10,02 Euro, in der sogenannten stationären Apotheke betrug er hingegen nur 8,41 Euro. Damit bestätigt sich aus Sicht der *GPI* der zunehmende Trend von Vorratskäufen und Sammelbestellungen. Verglichen mit den örtlichen Apotheken wurden im ersten Halbjahr 2008 über den Versand und das Internet mehr Packungen pro Käufer bestellt (Durchschnitt: 6,9 Packungen). Eine Hochrechnung der *GfK* ergibt, dass der Anteil von Internet- und Versandhandel am Gesamtumsatz an Apothekenprodukten im Jahr 2008 bereits knapp 12 Prozent beträgt, wovon 70 Prozent auf den Internet- und 30 Prozent auf den konventionellen Versandhandel entfallen.

Die folgenden Verbraucherangaben zum Internet- und Versandhandel mit Arzneimitteln beruhen auf Datenerhebungen des Jahres 2006: So werden als die zwei häufigsten Kaufgründe für eine Bestellung bei einer Versand- oder Internetapotheke der Verbrauch der alten Arzneimittelpackung (50 Prozent) und der Kauf auf Vorrat oder zur Sicherheit (29 Prozent) genannt. Als Hauptzweck kann somit die Befüllung der Hausapotheke und die Bevorratung mit Arzneimitteln aus kurativ-präventiven Gründen identifiziert werden. In der produktbezogenen Kauftypologie handelt es sich bei den Versand- und Internetkäufern zu 61 Prozent um Stamm- und zu 21 Prozent um Neukäufer. Im Internet entscheidet über den Kaufgrund insbesondere die Zufriedenheit des Kunden mit dem Produkt, welche in der Regel auf eine vorausgegangene Empfehlung einer örtlichen Apotheke zurückgeht. Bei Neu- oder Erstkäufern über Internet oder Versand beruht der Hauptkaufgrund zu 18 Prozent auf dem Wunsch das Produkt auszuprobieren und zu 13 Prozent auf einem günstigen (Aktions-)Preis. Der günstige Preis ist zu 32 Prozent ebenfalls der häufigste Grund für einen Produktwechsel. Des Weiteren hat die Verbraucherbefragung aufgezeigt, dass die Produkt- oder Herstellertreue im Internet deutlich herabgesetzt ist und nur 53 Prozent beträgt.

Der *GPI medic*scope* gibt auch einen Überblick über die Altersstruktur der Kunden von Versand- und Onlineapotheken: 11 Prozent der 20- bis 29jährigen, 31 Prozent der 30- bis 44jährigen, 24 Prozent der 45- bis 59jährigen und sogar 34 Prozent der über 60jährigen nutzen diese Angebote. Mit den vor allem telefonisch aufgegebenen Bestellungen bilden die Senioren somit die nach Anteilen größte Käufergruppe im Versand- und Onlinesegment; in den Präsenzapotheken liegt ihr Anteil allerdings nach wie vor sogar bei 47 Prozent. Die Geschlechterverteilung beim Internet- und Versandkauf von Medikamenten ist ausgeglichen, da der Frauenanteil bei 51 Prozent und der Männeranteil bei 49 Prozent liegen. Die bestellten Medikamente sind in 45 Prozent der Fälle für den Besteller selbst bestimmt, zu 18 Prozent für den Partner und zu 7 Prozent für andere Haushaltsmitglieder. Ein weiterer Hinweis auf die Tätigung von Vorratseinkäufen ist, dass 14 Prozent der Bestellungen für mehrere Haushaltsmitglieder und 13 Prozent für die Hausapotheke bestimmt sind. Die Befragung zu Bildung und Beruf hat ergeben, dass sich die Gruppe der Online- und Versandeinkäufer gleichmäßig aus Personen aller Bildungsschichten zusammensetzt: 21 Prozent haben mit Hauptschulabschluss, 28 Prozent mit mittlerer Reife und 27 Prozent mit Abitur die Schulausbildung abgeschlossen, weitere 24 Prozent haben ein Studium absolviert. Die Anteile der berufstätigen und nicht-berufstätigen Kunden halten sich wiederum die Waage: 51 Prozent sind Erwerbstätige und 49 Prozent Nicht-Erwerbstätige. Abschließend wurde festgestellt, dass bei den Verbrauchern zu 45 Prozent eine Preissensibilität beim Apothekeneinkauf besteht und 59 Prozent den „Mass Market“ als eine Alternative zum Kauf in der Apotheke betrachten.

3.3. Zusammenfassende Diskussion und Bewertung der Ergebnisse

3.3.1. Bekanntheit und Popularität von Versandapotheken

Nach einer eingehenden Betrachtung und dem Vergleich der verschiedenen Verbraucherbefragungen bestätigt sich der Eindruck, der sich schon bei der Auswertung der Verbraucheraussagen in den Internetforen ergeben hat: Den Verbrauchern sind, auch nach Angaben der *Sempora Health Care Studie*, lediglich wenige Internetapotheken namentlich bekannt. Dazu zählt auch in dieser Befragung der in der Presse und durch die Beteiligung als Kläger oder Beklagter in verschiedenen Gerichtsverfahren zu zweifelhaftem Ruhm gelangte „Vorreiter" DocMorris mit einem Stimmenanteil von 48 Prozent. Alle sonstigen Versandapotheken erreichen nicht einmal einen Bekanntheitsgrad von 20 Prozent, der Großteil liegt sogar unter der Marke von 5 Prozent. Nach der Bekanntheitsauswertung in den Internetforen belegte DocMorris allerdings nur den dritten Platz hinter Sanicare und Medikamente-per-klick und alle übrigen Versandapotheken waren ebenfalls weit abgeschlagen.

Somit zeichnet sich ein deutliches Bild einer überschaubaren Gruppe von großen, den Markt unter sich aufteilenden Versandhandelsakteuren, neben denen die restlichen Apotheken mit Versandhandelserlaubnis unbedeutend bleiben und kaum eine Überlebenschance haben. Eine derartige marktbeherrschende Stellung einiger kapitalorientierter Monopolisten dürfte von der Gesundheitspolitik jedoch bei Zulassung des Arzneimittelversandhandels kaum gewünscht gewesen sein.

Der Anteil der Verbraucher, die bereits jetzt bevorzugt ihre Medikamente im Internet bestellen, liegt laut *Sempora* bei einer Höhe von 5 Prozent. Die Auswertung des *GPI medic*scope* hingegen spricht von einem Anteil von 15,6 Prozent aller Apothekenkunden in der ersten Hälfte des Jahres 2008, die ihre Medikamente über Versand oder Internet beziehen. Die Aussage der *Roland Berger* Studie, dass 37 Prozent der Befragten sich vorstellen können, ihre Arzneimittel in einer Internetapotheke zu kaufen, wird weder zu Vergleichswerten ins Verhältnis gesetzt noch durch irgendwelche für den Versandhandel sprechenden Argumente gestützt. Die Befragung österreichischer Apothekenkunden hat jedoch einen ganz ähnlichen Wert ergeben: Im Falle einer Zulassung des Medikamentenversands in Österreich wären 35 Prozent der Befragten daran interessiert, dieses Angebot zu nutzen, während ein weiteres Drittel den Versandhandel strikt ablehnt. Die Studie des *Instituts für Handelsforschung (IfH)* Köln hingegen hat gezeigt, dass die Anzahl der den Internethandel mit Medikamenten ablehnenden Personen in der Gruppe der sogenannten Informations- und Preissucher nahezu 50 Prozent beträgt und zugleich fast doppelt so groß ist wie die Gruppe der sogenannten Bequemlichkeits- und Preisorientierten. Von den Befürwortern kaufen laut *IfH* lediglich circa 10 Prozent regelmäßig ihre Arzneimittel im Internet, weniger als 10 Prozent der Gegner haben jemals die Dienste von Versandapotheken in Anspruch genommen. Die Befragung Deutsch-Schweizerischer Apothekenkunden hat ergeben, dass von den Befragten nur 2 Prozent schon Arzneimittel im Internet kaufen, 31,1 Prozent dieser Möglichkeit aufgeschlossen gegenüber stehen, jedoch 55,6 Prozent den Internethandel als überflüssig ansehen. Darüber hinaus konnte die *Link Marktforschung* feststellen, dass die Bevölkerung das Internet als einen wenig reizvollen Vertriebskanal für Arzneimittel betrachtet, da dieser in der unteren Hälfte der Bewertungsskala gemeinsam mit Supermarkt und Katalog rangiert.

Als Rückschluss aus diesen verschiedenen Erhebungen kann gefolgert werden, dass circa ein Drittel sowohl der Deutschen, der Österreicher als auch der Schweizer den Medikamentenkauf über das Internet theoretisch als interessante zusätzliche Versorgungsmöglichkeit ansehen. Andererseits hat ein an die 50 Prozent betragender Anteil der Bevölkerung eine den Internethandel ablehnende Haltung eingenommen, während der Rest noch unentschlossen ist. Während die meisten Befragungen ergeben, dass tatsächlich bisher weniger als 10 Prozent der Verbraucher regelmäßig bei Internetapotheken einkaufen, kommt die *GfK Marktforschung* erstaunlicherweise auf einen höheren Wert, dessen Zustandekommen im engen Rahmen und unter den begrenzten Möglichkeiten dieser Betrachtung jedoch nicht abschließend geklärt werden kann.

3.3.2. Versuch der Charakterisierung eines Versandapothekenkunden

Obwohl es insbesondere für Marketingabteilungen eine höchst attraktive Information darstellen würde, gestaltet es sich als ein schwieriges Unterfangen, eine eindeutige Aussage über „den" typischen Kunden von Versand- und Internetapotheken zu treffen. Nach Auswertung der Verbrauchertagebücher durch die *GfK Marktforschung* konnte festgestellt werden, dass das Verhältnis zwischen Männern und Frauen sowie zwischen Berufstätigen und Arbeitslosen nahezu ausgeglichen ist. Auch in der österreichischen Befragung war der Anteil von Männern und Frauen jeweils nahezu 50 Prozent. Ebenso scheint dieses Marktsegment Personen aller Altersgruppen und Bildungsschichten anzusprechen: Die größten Zielgruppen scheinen gemäß *GfK* die 30 bis 44jährigen (31 Prozent) und die über 60jährigen (34 Prozent), die allerdings die Möglichkeit der telefonischen Bestellung dem Internet noch immer vorziehen, zu sein. Somit findet sich auch in diesem Punkt eine Bestätigung für den Trend, der sich bereits bei Untersuchung der Internetforen abgezeichnet hat: Da mittlerweile Chats und Internet-Gemeinden (sogenannte „Communities") für alle Altersgruppen von Schülern bis zu Senioren existieren und sich die Mitglieder auch in allen unterschiedlichen Foren über Versandapotheken ausgetauscht haben, scheint dieses Thema Menschen jeden Alters zu interessieren. Im Rahmen der Angaben der *GfK* zum Bildungsstand der Online-Einkäufer macht die Gruppe der Schulabgänger mit Mittlerer Reife mit 28 Prozent den größten Anteil aus, ebenso vertreten sind jedoch auch Hauptschulabsolventen, Abiturienten und Hochschulabsolventen. Anhand dieser demographischen Angaben kann abgelesen werden, dass sich quer durch die Bevölkerung Interessenten finden, die bereit sind, auch ihre Arzneimittel im Internet zu kaufen. Obwohl die Motive der Menschen für die Nutzung des Versandhandels in der Regel deckungsgleich sind – dass heißt entweder ökonomische Gründe, der Wunsch sich verschreibungspflichtige Mittel ohne Arztbesuch zu besorgen oder im Falle einer Medikamentenabhängigkeit, auch von nicht verschreibungspflichtigen Mitteln, die Absicht der „Kontrolle" des Arztes und des Apothekers zu entgehen – ist es wohl auch der Vielfältigkeit des Apothekenangebots zuzuschreiben, dass das vollständige Profil eines typischen Versandapothekenkunden nicht erstellt werden kann. Dieser Versuch vermag allerdings das Bild eines wohl eher jüngeren, 30- bis 40-jährigen Menschen beiderlei Geschlechts zu zeichnen, der, auf der einen Seite im Wunsch oder Zwang zu sparen und auf der anderen Seite in der bewussten Absicht gegen die Verschreibungspflicht zu verstoßen, im Internet auf die Suche geht. Der ältere, immobilisierte und chronisch kranke Mensch, mit dessen Problemen bei der Arzneimittelversorgung typischerweise politisch argumentiert wurde[65], scheint es unter Berücksichtigung der Befragungsergebnisse jedenfalls nicht zu sein.

---

[65] Vgl. Platzer, H., Th.: Internetversandhandel von Arzneimitteln – ein neuer Weg?, in: Perspektiven zur Regelung des Internetversandhandels von Arzneimitteln (2002), 30.

3.3.3. Vorteile von Versandapotheken aus Verbrauchersicht

Im folgenden Abschnitt sollen die von den befragten Verbrauchern genannten Vorteile zusammengetragen und mit den Aussagen der Internetforen-Teilnehmer verglichen werden. Darüberhinaus sind Angaben darüber, welche apothekenüblichen Waren am häufigsten über das Internet bestellt werden von Interesse.

Preis- und Zeitersparnis auf dem ersten Rang

Die Zielgruppenanalyse des *Instituts für Handelsforschung* für den Versandhandel mit Arzneimitteln hat ergeben, dass die Verbraucher, die der Gruppe der Bequemlichkeits- und Preisorientierten angehören, insbesondere die folgenden Leistungsanforderungen an eine Internetapotheke stellen: Kostenersparnis, Bequemlichkeit bei der Geschäftsabwicklung, Ersparnis von Anfahrt und Weg sowie Zeitersparnis. In der Untersuchung zum Konsumentenverhalten im E-Commerce-Bereich auf dem österreichischen Apothekenmarkt haben sich dieselben Hauptargumente für den Versandhandel herauskristallisiert. Deckungsgleich in der Internetforen-Analyse und den Befragungen sind somit die beiden obersten Pro-Argumente „Preis“ und „Lieferung“, da sich alle Verbraucher übereinstimmend die Einsparung von Geld und Zeit bei gleichzeitig zügiger Belieferung mit der bestellten Ware wünschen. Hingegen wurden Serviceleistungen wie beispielsweise Fernbestellung, Heimlieferservice und sogenannte „Give-Aways“ – gemeint sind Kundengeschenke wie Cremepröbchen, Hustenbonbons oder Taschentücher – anders als von den Internetforen-Teilnehmern, von den interviewten Verbrauchern als eher unwichtig bewertet. Die Befragung der Besucher öffentlicher Deutsch-schweizerischer Apotheken hat ergeben, dass zudem die Anonymität und die 24-stündige Erreichbarkeit von Internetapotheken befürwortet werden. Neben dem Argument des Preisvorteils hebt der *GPI medic*scope* hervor, dass über den Versand und das Internet gezielt große und sogar teure Packungen bestellt werden und sich somit ein deutlicher Trend zu Vorratskäufen und Sammelbestellungen abzeichnet. Wie bereits in der Analyse der Internetforen festgestellt, wird dieses Phänomen jedoch gezielt durch Werbemaßnahmen der Versandapotheken gefördert und durch die Veranschlagung einer hohen Mindestbestellsumme die Verleitung des Kunden zu „Hamsterkäufen“ geschaffen.

Am häufigsten im Internet bestellte Produkte

Während die Auswertung der Forumsbeiträge ergeben hat, dass übers Internet vor allem versucht wird, verschreibungspflichtige Arzneimittel wie Kontrazeptiva und Potenzmittel sowie Schmerz-, Schlaf- und Schlankheitspräparate ohne Vorlage eines Rezept zu bekommen, sprechen die Angaben der Verbraucherbefragungen eine ganz andere Sprache. Einen großen Anteil am Absatz freiverkäuflicher Apothekenware im Internet in Höhe von 18,1 Prozent im ersten Halbjahr 2008 macht – nach Aussage der *GPI* – der Erwerb von Apothekenkosmetik aus. Hingegen ist der Anteil an verschreibungspflichtigen Arzneimitteln mit 6,5 Prozent eher rückläufig, da weniger Rezepte eingelöst werden. In den Schweizer Internetapotheken werden ebenfalls am häufigsten nicht-pharmazeutische Produkte wie Kosmetik und Nahrungsergänzungsmittel bestellt. Wie die Umfrage von Kuzdas ergeben hat, bestellen die österreichischen Befürworter des Versandhandels ebenfalls in erster Linie rezeptfreie apothekenpflichtige Arzneimittel und erst an zweiter Stelle rezeptpflichtige Medikamente, dicht gefolgt von den freiverkäuflichen Produkten.

Die Diskrepanz dieser Ergebnisse lässt sich mit folgender, schon zu Beginn dieser Analyse dargelegten Überlegung erklären: Im Internet fühlen sich die Menschen unbeobachtet und sind in vielen ihrer Äußerungen ehrlicher. So würde in einer direkten Verbraucherbefragung verständlicherweise mit Sicherheit niemand zugeben, dass er sich illegaler Weise das Mittel „Viagra" gegen seine (vermeintlichen) Potenzprobleme ohne Rezept bei einer Internetapotheke besorgt. Dennoch ist dies tagtäglich der Fall. Ein systemischer Fehler der Verbraucherinterviews liegt darin, dass sich die Befragungsteilnehmer zu sozial adäquaten Antworten genötigt sehen.

3.3.4. Nachteile von Versandapotheken aus Verbrauchersicht

Ein Vergleich der Nachteile aus Sicht der befragten Verbraucher mit den Aussagen der Internetforen-Teilnehmer soll ebenfalls Aufschluss über eventuelle Übereinstimmungen und Unterschiede liefern.

Die von Zehnders, im Rahmen seiner Analyse zum Informationsverhalten von Patienten zum Thema Arzneimittel, befragten Apothekenkunden nannten folgende Gründe für die Ablehnung des Medikamentenkaufs im Internet: unzureichende Sicherheit, fehlende individuelle Beratung, kein persönlicher Kontakt mit dem Apotheker, Bedenken bezüglich des Datenschutzes, lange Wartezeit auf das bestellte Medikament sowie zweifelhafte Herkunft und Qualität der Arzneimittel. Diese Angaben decken sich mit den Ergebnissen der Befragung österreichischer Patienten: Neben dem Fehlen einer persönlichen Fachberatung, der fehlenden Überprüfung der Medikamentenqualität in Internetapotheken und einem generellen Misstrauen gegenüber dem Versandhandel wird darüber hinaus die Umständlichkeit der Bestellung aufgrund einer schwierigen Handhabung der Internetseite als Nachteil bemängelt. Diese Kritikpunkte stimmen nahezu alle mit den Ergebnissen der Internetauswertung überein: Auch dort waren drei der Hauptargumente gegen den Versandhandel die lange Wartezeit, fehlende oder inkompetente Beratung sowie Angst an gefälschte oder unwirksame Medikamente zu geraten.

Die Untersuchung des Kölner *Instituts für Handelsforschung* ergab, dass lediglich ein Drittel der Befragten eine durchschnittliche Lieferzeit für die bestellten Arzneimittel von drei Tagen für akzeptabel halten. In Österreich halten sogar 36 Prozent eine Wartezeit von zwei Tagen noch für zu lang und würden es unter keinen Umständen akzeptieren, wenn es länger als fünf Tage dauerte bis die bestellten Arzneimittel bei ihnen angeliefert würden. Eine derartige Lieferung könnte sogar noch als „zeitnah" bezeichnet werden, verglichen mit den Erfahrungen einiger Internetforen-Teilnehmer, die zum Teil zehn Tage und länger auf ihre verschreibungspflichtigen Arzneimittel warten mussten. Somit festigt sich der Eindruck, dass die Realität nach wie hinter den gesetzlichen Anforderungen zurückbleibt und bestätigt die Einschätzung, dass der Versandhandel weder für die Versorgung mit akut benötigten Medikamenten noch mit rezeptpflichtigen Arzneien geeignet ist. Aufgrund der regelmäßig mehrtägigen Wartezeiten können Versandapotheken keinen allgemein akzeptablen Beitrag zur Sicherstellung einer ordnungsgemäßen Versorgung der Bevölkerung mit Arzneimitteln leisten, wie sie sowohl gemeinschaftsrechtlich gemäß Art. 152 Abs. 1 EG-Vertrag als auch national gemäß §1 AMG in

Verbindung mit §1 Abs. 1 ApoG gefordert wird[66]. Diesen Anforderungen kann nur eine physisch präsente, aus ortsnahen Präsenzapotheken gebildete Infrastruktur gerecht werden, die in der Lage ist eine Arzneimittelversorgung binnen Stunden sicherzustellen.

Gemäß der Befragung von Kolbeck zum Problembewusstsein bezüglich Arzneimittelfälschungen hat sich ergeben, dass einerseits deutsche Versandapotheken zwar überwiegend als sicher eingeschätzt werden, auf der anderen Seite die Mehrzahl der Verbraucher jedoch wenig bis gar kein Vertrauen in die Sicherheit von EU-Versandapotheken oder Versandapotheken außerhalb Europas haben.

Als Kernaussage lässt sich aus diesen Ergebnissen folgende Erkenntnis extrahieren: Die Verbraucher haben im Grunde wenig Vertrauen in den Versandhandel mit Arzneimitteln. Die Unzuverlässigkeit vieler Versandhändler tut ihr Übriges, um den Kunden zu verprellen. Den meisten Verbrauchern ist bewusst, dass Arzneimittel als Waren besonderer Art eine fachlich kompetente Behandlung und Beratung erfordern. Darüber hinaus zeigt sich, dass das Risiko, über das Internet an Arzneimittelfälschungen zu geraten, sowohl im Bewusstsein der Deutschen, als auch der Schweizer und Österreicher angekommen ist.

[66] Vgl. Dettling, H.-U., Th.: Anwendbarkeit des nationalen Arzneimittelpreisrechts auf ausländische Versandapotheken, in: Arzneimittel & Recht 3(2008), 118-125.

4. Schlussfolgerungen

Im Rahmen dieser Untersuchung hat sich die Mehrzahl der Kritikpunkte gegenüber dem Arzneimittelversandhandel bestätigt: Zum einen sind die damit verbundenen Sicherheitsrisiken in Relation zu den erhofften wirtschaftlichen Vorteilen zu hoch und zum anderen mangelt es bisher an einer geeigneten umfassenden Aufklärung der Bevölkerung, insbesondere von Seiten der Politik. Diese Aufgabe wird den Standesvertretungen der Apotheker überlassen, wie beispielsweise der ABDA, die Gelegenheiten wie den diesjährigen „Tag der Apotheke" nutzt, um Verbraucheraufklärung zum Thema Arzneimittelfälschungen zu betreiben[67]. Mittlerweile wurde eine Aufklärungskampagne „Sichere Arzneimittel" der sogenannten Deutschen Gesundheitshilfe e.V. – nach eigener Aussage eine gemeinnützige und unabhängige Organisation zur bundesweiten gesundheitlichen Aufklärung und Information – ins Leben gerufen, die mit an den Bürger gerichteten Broschüren gezielt über den Arzneimittelkauf im Internet und die Risiken von Arzneimittelfälschungen informieren will[68]. Auch das Bundesministerium für Gesundheit (BMG) hat neue Aktivitäten aufgenommen, zwar nicht, um den Versandhandel zu untersagen, aber um ihn für den Bürger transparenter und sicherer zu machen: Im Auftrag des BMG soll das Deutsche Institut für Medizinische Dokumentation und Information (DIMDI) ein Register aller Apotheken mit Versandhandelserlaubnis erstellen und diese mittels eines Gütesiegels im Hinblick auf ihre Zuverlässigkeit zertifizieren[69]. Diese verschiedenen Maßnahmen wären jedoch nicht in gleicher Weise erfolgversprechend wie ein tatsächliches Verbot des Versandhandels: Bei der Aufklärung entscheidet der Verbraucher freiwillig, ob er die Warnungen befolgt und nur bei den Internet-Apotheken bestellt, die bestimmte Sicherheitskriterien erfüllen, so dass bei Missachtung oder Ignorieren der Warnhinweise die Gesundheitsgefahren unverändert weiterhin bestehen[70]. Ebenso sieht es bei Maßnahmen wie der Schaffung von Gütesiegeln und der Errichtung einer öffentlichen Transparenz-Datenbank aus, die bereits im Jahr 2000 von der Arbeitsgemeinschaft für Verbraucherverbände e.V. (AgV) in einem Kriterien- und Maßnahmenkatalog vorgeschlagen wurden[71]: Die Nutzung dieser Angebote durch die Verbraucher er-

---

[67] Vgl. http://www.abda.de/fileadmin/downloads/2008_PMs/Am_12_Juni_ist_Tag_der_Apotheke.pdf , Pressemitteilung v. 21.05.2008.

[68] Vgl. http://www.gesundheitshilfe.de/index.php?mode=33,2,0,0,0.

[69] Vgl. DAZ 47 (2008), 38.

[70] Vgl. Harmsen, A.: E-Commerce mit Arzneimitteln (2007), 73.

[71] Vgl. Arbeitsgemeinschaft der Verbraucherverbände: Internethandel mit Medikamenten, in: Europa Qualität sichern & Chancen für Verbraucher nutzen, 13. Dezember 2000.

folgt ebenfalls auf freiwilliger Basis, so dass weiterhin Gefahren für diejenigen Verbraucher bestehen, die diese Informationsquelle nicht nutzen oder das Gütesiegel nicht beachten[72]. Vor diesem Hintergrund ist der Datenbank des DIMIDI ein nur mäßiger Erfolg zu prophezeien, da einerseits Gütesiegel einfach zu fälschen sind und andererseits ein nationales Versandapothekenregister nicht den grenzüberschreitenden Versandhandel sicherer gestalten kann. Denn die mangelnde Sicherheit ist und bleibt das größte Problem des Arzneimittelverkaufs über das Internet und im Wege des Versands: Ökonomisch betrachtet werden Arzneimittel in der Regel als sogenannte „Erfahrungsgüter" eingestuft, das heißt, dass ihre Produkteigenschaften erst bei Verwendung festgestellt werden können und bei ihnen immer ein gewisses Maß an Unsicherheit über die Produktqualität sowie eine Informationsasymmetrie zwischen Käufer und Verkäufer besteht[73]. Allerdings ist die Grenze zu den sogenannten „Vertrauensgütern", die hinsichtlich ihrer gewünschten Eigenschaften noch unsicherer sind, oft fließend, insbesondere. wenn Arzneimittel im Handel sind, deren Wirksamkeit nicht geprüft oder nachgewiesen ist oder wenn nicht ausgeschlossen werden kann, dass es sich bei dem Arzneimittel um eine Fälschung handelt[74].

Bereits in den 1970er Jahren haben Untersuchungen ergeben, dass bei Handelsgütern, die ökonomisch als Erfahrungs- oder Vertrauensgüter klassifiziert werden, eine generelle Tendenz zur Verdrängung guter Qualität besteht; bezogen auf den elektronischen Handel mit Arzneimitteln bedeutet dies, dass, je schlechter der Markt reguliert und kontrolliert wird, der Preiswettbewerb zwischen den Anbietern zu Lasten der Käufer eine durchschnittlich schlechte Produktqualität und damit Produktsicherheit hervorbringen würde[75]. Auf diesem Wege ist eine Erhöhung der Versorgungsqualität keinesfalls zu erreichen.

Letztendlich kann ausschließlich das Verbot des Versandhandels mit – nicht nur verschreibungspflichtigen – Arzneimitteln eine Lösung für all diese Probleme sein. Die mittlerweile von verschiedenen politischen Seiten betriebene Initiative zum Verbot des Versandhandels mit verschreibungspflichtigen Arzneimitteln wäre daher ein erster Schritt in die richtige Richtung.

---

[72] Vgl. Harmsen, A.: E-Commerce mit Arzneimitteln (2007), 77.
[73] Vgl. Prinz, A./Vogel, A.: E-Commerce im Arzneimittelhandel (2003), 269.
[74] Vgl. Prinz, A./Vogel, A.: E-Commerce im Arzneimittelhandel (2003), 271.
[75] Vgl. Prinz, A./Vogel, A.: E-Commerce im Arzneimittelhandel (2003), 272.

Abbildungen

Tabellen

Alle in den Fußnoten genannten Fundstellen aus dem Internet wurden am 07.12.2008 auf ihre Gültigkeit überprüft.

Summary

The opportunity of selling pharmaceutical products via the internet was legalized in Germany on 1st January 2004, when the so called "Law of the Modernization of the Compulsory Health Insurance" came into force. A decision of the European Court of Justice in December 2003 regarding the online pharmacy "DocMorris" builds the legal background for mail ordering over-the-counter (OTC) medicines. Extending the Court's decision, the German law additionally permits to sell "prescription only" medicines via online pharmacies. This discrepancy has caused a public discussion about safety and health risks in the German society regarding the dangers resulting from the worldwide increase of counterfeit medicines offered and sold via the internet. As a consequence, several Federal States submitted a draft law to the Federal Council of Germany intended to prohibit the sale of "prescription only" medicines via the internet.

The first part describes the method and the results of an internet-based survey conducted in March 2008. It focussed on 20 internet platforms with a great number of topics discussing - among other issues - online pharmacies, their services, prices and delivery times. The contents were examined by qualitative data analysis in order to extract the most important advantages and disadvantages of mail order pharmacies perceived by participants of the platforms. The conveniences for the customers with a focus on favourable prices, low additional expenses for mail order service, short delivery times and the possibility of buying on commission were mentioned most frequently. This was in contrast to serious risks like loss or damages during transport, wrong or missing pharmaceutical consultation, cause for the displacement of local pharmacies and source for counterfeit or ineffective medicines. According to the statements of the participants of these platforms only three internet pharmacies have certain popularity while others remain relatively unknown.

In a second step, the internet-based analysis was compared with eight different surveys conducted by scientists or opinion researchers, dealing with changes of the healthcare market caused by new competitors such as online pharmacies. The results of these surveys were examined in the way of a narrative analysis, differentiating between advantages and disadvantages. The most frequently mentioned benefits were savings of costs and time as well as convenience. On the other hand, many respondents mistrust online pharmacies in general due to lack of safety, quality and pharmaceutical consultation. Only one third of the interviewees regard the internet as a favourable source for purchasing medicines while more than 50 percent decline ordering from an online pharmacy and the rest is still indecisive. Considering the demographic information of the respondents, apparently people in their mid-thirties looking for bargains or trying to avoid seeking prescriptions form their physicians are typical customers for online pharmacies rather than immobilised elderly suffering from chronic diseases.

Most of the social and scientific objections towards mail order selling of pharmaceutical products were confirmed in this analysis. Serious safety concerns outweigh the cost savings that were expected by politicians and not proved to be true, on the other hand the German population is badly educated about the risks of mail ordering and counterfeit medicines. Therefore the efforts for prohibiting the selling of ("prescription only") medicines via the internet seem to be the only solution for these problems.

Literaturverzeichnis

Dettling, H.-U. (2008). Anwendbarkeit des nationalen Arzneimittelpreisrechts auf ausländische Versandapotheken. *Arzneimittel & Recht* (3/2008), S. 118-125.

Dettling, H.-U. (2008). Rechtliche Erfahrung mit dem Arzneimittelversand aus dem Ausland. *Arzneimittel & Recht* (1/2008), S. 11-21.

Harmsen, A. (2007). *E-Commerce mit Arzneimitteln - Wettbewerbsrechtliche Zulässigkeit der Geschäftstätigkeit von Internet-Apotheken in Deutschland unter Berücksichtigung europarechtlicher Aspekte.* Hamburg: Verlag Dr. Kovac.

Karrte, J., & Neumann, K. (2008). *Der Gesundheitsmarkt - Sicht der Bürger - Strategien der Anbieter.* Roland Berger Strategy Consultants.

Kieser, T. (2007). Apothekenwerbung durch Krankenkassen? *Arzneimittel & Recht* (1/2007), S. 20-24.

Kolbeck, R. (2007). *Das Problembewusstsein bezüglich Arzneimittelfälschungen auf globaler und nationaler Ebene.* Masterarbeit, Consumer Health Care, Berlin.

Kuckartz, U., & Grunenberg, H. (2007). *Qualitative Datenanalyse: computergestützt - Methodische Hintergründe und Beispiele aus der Forschungspraxis.* VS Verlag für Sozialwissenschaften.

Kuzdas, S. (2007). *Online-Apotheken versus „Apotheke um die Ecke".* Diplomarbeit, Informationswirtschaft, Wien.

Platzer, H. (2002). *Internetversandhandel von Arzneimitteln – ein neuer Weg? in: Perspektiven zur Regelung des Internetversandhandels von Arzneimitteln.* (P. Stein, Hrsg.) München: Hanns-Seidel-Stiftung e.V.

Prinz, A., & Vogel, A. (2003). *E-Commerce im Arzneimittelhandel: Zulassen, verbieten oder regulieren?* Verlag Bertelsmann Stiftung.

Rolfes, M. (2003). *Internetapotheken - Rechtliche Probleme der Heilmittelwerbung im Internet und die Zulässigkeit des E-Commerce mit Arzneimitteln.* München: Verlag C.H. Beck.

Schweim, J. K., & Schweim, H. G. (2008). Das Ausmaß des Arzneimittel-Pick-ups *Deutsche Apotheker Zeitung* (45/2008), S. 62-64.

Schweim, J. K., & Schweim, H. G. (2007). Krankenkassen werben für Internetapotheken. *Deutsche Apotheker Zeitung* (35/2007), S. 49-53.

Schweim, J. K., & Schweim, H. G. (2008). Wie andere Länder den Versandhandel regeln. *Deutsche Apotheker Zeitung* (12/2008), S. 64-83.

Sempora Consulting GmbH. (2008). *SEMPORA Health Care Studie 2008 - Zukünftige Strukturen in der deutschen Arzneimittelversorgung.* Bad Homburg.

Wilke, K., & Heckmann, S. (2005). *Zielgruppenanalyse für den Versandhandel mit Arzneimitteln - Auszug aus der Studie Apotheken und Versandhandel 2005.* Köln: Institut für Handelsforschung an der Universität zu Köln.

Zehnder, S. (2005). *Arzneimittelinformationen für Apotheker und Patienten - Analyse der Anforderungen, des Angebots, der Nutzung und der Rolle des Internets.* Inauguraldissertation, Philosophie, Basel.

Anhang: In der Untersuchung zitierte eigene Veröffentlichungen

Das Ausmaß der Arzneimittel-Pick-ups

- Unsichere Rechtslage: Keine Überwachung von Pick-up-Stellen -

Janna K. Schweim und Harald G. Schweim, Bonn

Die Abholstationen für Arzneimittel in Drogeriemärkten, sog. Pick-up-Stellen, unterliegen aufgrund fehlender Regulierungsvorschriften keinerlei behördlicher Kontrolle. Darüber hinaus mangelt es an einem grundlegenden Überblick über das bisherige Ausmaß des Pickup-Geschäfts in Drogerien. Dieser Artikel soll Aufschluss darüber geben, in welchem Ausmaß die Pick-up-Stellen tatsächlich schon verbreitet sind und welche diesbezüglichen Informationen man den Internetseiten der Drogerien und den mit Ihnen kooperierenden Versandapotheken entnehmen kann.

In der vergangenen Woche wurde erneut die Forderung bekräftigt das Pick-up-Geschäft mit Medikamenten in Drogeriemärkten zu verbieten: Am Montag den 13. Oktober äußerte sich die Präsidentin der Apothekerkammer Mecklenburg-Vorpommern, Christel Johanns, in einer Pressekonferenz zu den mit dieser Vertriebsform verbundenen Risiken in Gestalt fehlender Arzneimittelsicherheit und Patientenbegleitung sowie mangelhaftem Datenschutz. Diese Bedenken erscheinen als umso mehr gerechtfertigt, da – wie mittlerweile bekannt wurde – die sog. Abholstationen für Medikamente in Drogeriemärkten aufgrund fehlender Regulierungsvorschriften keinerlei behördlicher Kontrolle unterliegen. Laut Urteil des Bundesverwaltungsgerichts (BVerwG) vom 13. März 2008[76] zu Rezeptsammelstellen in Drogeriemärkten erfolgt in diesen keine Arzneimittellagerung bzw. -abgabe im Sinne des Arzneimittelgesetzes, so dass den gem. §64 Abs. 1 AMG für die Überwachung von Apothekenbetrieben zuständigen Unteren Aufsichtsbehörden der Bezirksregierungen die Hände gebunden sind. Durch die Zusammenarbeit deutscher Drogerieketten mit zumeist niederländischen Versandapotheken ent-

[76] Urteil des BVerwG vom 13.03.2008, Az. 3 C 27.07, vgl. http://www.bverwg.de/enid/2317dc5edef2cc418e84d90563d8c344,35404e7365617263685f646973706c6179436f6e7461696e6572092d0931303239310 93a095f7472636964092d09353733/Entscheidungssuche/Entscheidungssuche_8o.html.

zieht sich dieses Geschäftsmodell sogar gänzlich der Kontrolle durch deutsche Behörden, da ausländische Versandapotheken nur durch die Arzneimittelaufsicht ihres Landes überprüft werden dürfen. Anhand dieses rechtlichen Kontrollverlusts offenbart sich das Ausmaß der Verselbständigung, welches mit der Freigabe des Arzneimittelversandhandels in Gang gesetzt wurde.

Abgesehen von der fehlenden gesetzlichen Zuständigkeit der Aufsichtsbehörden für die Kontrolle von Abholstellen, mangelt es an einem grundlegenden Überblick über das bisherige Ausmaß des Pick-up-Geschäfts in Drogerien: Den Behörden ist nicht bekannt, welche Drogeriemärkte überhaupt und in wie vielen ihrer Filialen einen Abholservice betreiben. Das Urteil des BVerwG erweckt den Anschein, dass sich bereits „ein System von Abholstellen (sog. Pick Points) in erheblichem Umfang etabliert habe". Dieser Artikel soll Aufschluss darüber geben, in welchem Ausmaß die Pick-up-Stellen tatsächlich schon verbreitet sind und welche diesbezüglichen Informationen man den Internetseiten der Drogerien und den mit Ihnen kooperierenden Versandapotheken entnehmen kann.

Beispiele von Kooperationen

„Dm-Drogerie" und „Europa Apotheek Venlo"

Die erste Kooperation im Bereich der Medikamenten-Abholstellen entstand zwischen der „Dm-Drogerie" und der „Europa Apotheek" aus dem niederländischen Venlo, deren Geschäftsmodell im Frühjahr 2008 durch das BVerwG für rechtmäßig erklärt wurde. Laut Information auf der Internetseite der Dm-Drogerie wird der als sog. PharmaPunkt bezeichnete Service zum Bestellen und Abholen apotheken- und rezeptpflichtiger Arzneimittel in mittlerweile mehr als 200 Drogeriefilialen in den Bundesländern Nordrhein-Westfalen, Baden-Württemberg, Berlin und Brandenburg angeboten (Abb. 1). Welche Filiale der Dm-Drogerie über eine Abholstelle verfügt kann mittels einer Suchmaschine entweder auf der Internetseite der „Dm-Drogerie" oder der „Europa Apotheek" (Abb. 2) mittels Eingabe von Ort und Postleitzahl herausgefunden werden.

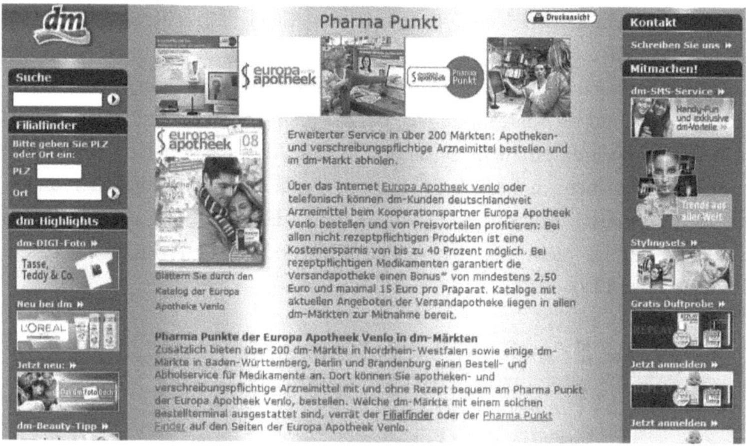

Abbildung 7: dm-Drogeriemarkt

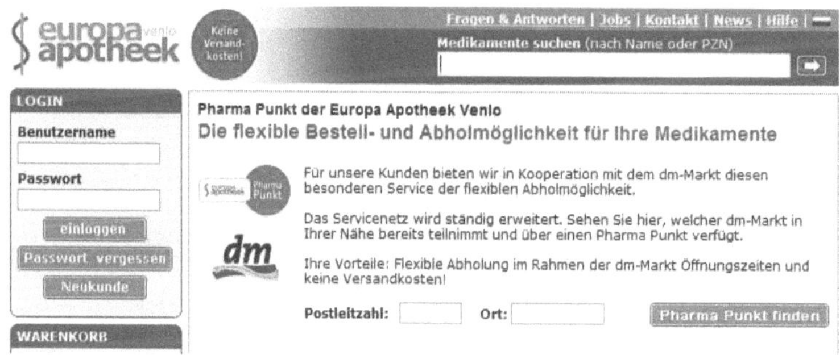

Abbildung 8: Europa-Apotheek Venlo

„Schlecker" und „Vitalsana"

Der Drogeriekonzern „Schlecker", zu dem mittlerweile auch alle Filialen der Marken „Drospa" und „Ihr Platz" gehören, arbeitet im Rahmen eines Gutscheinsystems mit der niederländischen Versandapotheke „Vitalsana" zusammen. Neben der üblichen Bestellung im Internet können auch in den Drogeriefilialen ausgefüllte Bestellscheine und Rezepte abgegeben werden. Entsprechend besagen die Allgemeinen Geschäftsbedingungen in jedem „Vitalsana"-Bestellmagazin, das in den genannten Drogerien erhältlich ist, dass „als weiterer Service [...] auch eine Abholung in den teilnehmenden Verkaufsstellen [von] SCHLECKER, Ihr Platz und drospa möglich [ist]". Eine Meldung auf der Internetseite von Vitalsana verkündet hingegen ohne Angabe von Gründen, dass „eine Anlieferung in die SCHLECKER, Ihr Platz und drospa-Märkte [...] derzeit nicht möglich" sei (Abb. 3). Aufgrund dieser Umstände ist nicht bekannt, ob das Abholsystem bei „Schlecker" praktisch noch gar nicht in Betrieb genommen worden ist oder lediglich momentan nicht funktioniert. Allerdings offenbart sich, dass der Pick-up-Service bei „Schlecker" offenbar nicht mit dem gleichen Eifer betrieben wird wie bei der Konkurrenz „Dm-Drogerie".

Abbildung 9: Vitalsana-Apotheke von Schlecker

„Rossmann" und „Deutsche Internet Apotheke"

Als dritte Drogeriekette hat „Rossmann" eine Kooperation mit der - wie es der Name schon sagt - aus Deutschland stammenden „Deutschen Internet Apotheke" aufgebaut. Es besteht eine Verlinkung von der „Rossmann"-Internetseite zur Homepage der als „Partnershop" bezeichneten Internetapotheke, wobei sich der Apothekenshop eingerahmt vom Internetauftritt des „Rossmann Versands" öffnet (Abb. 4). Dabei wird jedoch Wert auf den Hinweis gelegt, dass Vertragspartner für den Kauf von Arzneimitteln nicht „Rossmann" sondern die „Deutsche Internet

Apotheke“ ist. Die Filialen der „Rossmann“-Drogerie fungieren weder derzeit noch in Zukunft, laut Planung des Unternehmens, als Abholstellen für Arzneimittel, die bei der Versandapotheke bestellt worden sind. Als unseres Wissens bisher erste und einzige Versandapotheke hat die „Deutsche Internet Apotheke“ eine eigene, von der Postadresse ihrer Referenzapotheke abweichende Abholstation eröffnet, in der die Kunden an fünf Tagen in der Woche zwischen 9 und 18 Uhr ihre bestellten Medikamente abholen, Bestellungen auf- oder Retouren zurückgeben können (Abb. 5). An dieser Stelle soll der Einwand gestattet sein, dass die Abholstation aus unserer Sicht nicht das im Urteil des BVerwG aufgestellte Kriterium eines „Gewerbebetriebs mit langen Öffnungszeiten“ erfüllt. Ebenfalls für erörterungswürdig erachten wir die Frage, ob der Abholservice der „Deutschen Internet Apotheke„ - im Unterschied zu den Angeboten niederländischer Versandhändler - nach gegenwärtiger Rechtslage einer Überprüfung durch die Aufsichtsbehörden zugänglich wäre.

Abbildung 10: Rossmann-Drogeriemarkt

Unser neuer Abholservice

macht es möglich. Ab sofort können Sie Ihre Arzneimittel auch in der Abholstation unserer Internetapotheke selbst abholen. Ihr Vorteil: flexible Abholung und keine Versandkosten.

In unserer Abholstation können Sie aber nicht nur Ihre bestellten Arzneimittel selbst abholen, sondern auch Ihre Bestellung und Ihre Retoure persönlich abgeben.

Wir dürfen Sie aus rechtlichen Gründen in der Abholstation nicht beraten oder Ihnen sonstige Auskünfte erteilen. Bei Fragen wenden Sie sich daher bitte online, telefonisch oder schriftlich an unsere Mitarbeiter.

Öffnungszeiten
Montag bis Freitag
9 Uhr bis 18 Uhr
Samstag geschlossen

Abbildung 11: Deutsche Internet-Apotheke

„Budnikowsky“ und „Hamburg Arznei“

Die insbesondere im Norden der Bundesrepublik vertretene Drogerie „Budnikowsky“ arbeitet auf Basis eines Kundenkartensystems zur Gutschrift von Bonuspunkten mit der Internetapotheke „Hamburg Arznei“ zusammen (Abb. 6). Jedoch werden sowohl die Bestellung als auch die Lieferung der Medikamente allein im Kontakt mit der Versandapotheke und nicht über Filialen der Drogerie abgewickelt. Somit hat auch der Drogeriemarkt „Budnikowsky“ bisher kein Pick-up-System eingeführt.

Jeden Tag Gutes tun.

HOME | AKTUELL | BUDNI KARTEN | SHOPS | WIR BEI BUDNI | VERANTW

BUDNI Suche!

Suchen

Blumen
Foto
HamburgArznei
Musicshop
Ökostrom
Reisen
Service

Bequem und preiswert!

HamburgArznei.de - uns können Sie vertrauen!

HAMBURG ARZNEI.DE

HamburgArznei ist die Versandapotheke der Diekmoor-Apotheke, die seit über 35 Jahren in Hamburg besteht, seit sechs Jahren unter der Leitung von Apotheker Stefan Bröge.

Ihre Vorteile:

- auf alle rezeptfreien Arzneimittel
  - bis zu 50 %Rabatt
  - für BUDNI-Karteninhaber je €-Cent Umsatz einen Bonuspunkt
- kostenloses Bestell-Telefon
- kostenlose Lieferung ab 30 € Bestellwert (ansonsten 4,50 € Versandkosten)
- Erstbestellung mit BUDNI Karte garantiert ohne Versandkosten
- Lieferung noch am selben Tag*

*Montag-Freitag durch unseren Medikamentenexpress

Liebe Kundin, lieber Kunde!

Gesund und fit zu bleiben wird für uns alle immer wichtiger. Dabei wollen wir Ihnen mit unserer kompetenten Beratung, aber auch unseren günstigen Preisen helfen. Nutzen Sie unseren Service, sich Ihre Medikamente nach Hause liefern zu lassen. Da wir wissen, dass es auch mal dringender sein kann, bringen wir Ihnen die Arzneimittel auf Wunsch noch am selben Tag. Für Ihre Fragen stehen mein Team und ich Ihnen gern zur Verfügung.

Viel Gesundheit wünscht Ihnen Ihr Apotheker

Stefan Bröge

Wie sieht es mit meinen verschreibungspflichtigen Medikamenten aus?

Rezeptpflichtige Medikamente liefert HamburgArznei auf Bestellung wie die übrigen Artikel. Dazu senden Sie einfach die Rezepte per Post. Über das kostenlose Service-Telefon von HamburgArznei können Sie gern Freiumschläge anfordern.

Wie kann ich bestellen?

Sie haben mehrere Möglichkeiten Ihre Medikamente zu bestellen: über den Online-Shop, per E-Mail, per Fax oder über das kostenlose Service-Telefon von HamburgArznei.

Abbildung 12: Budnikowsky Drogeriemarkt

Fazit

Nach unseren Recherchen betreibt nach derzeitigem Stand lediglich die Kooperation zwischen der „Dm-Drogerie" und der „Europa Apotheek Venlo" den Medikamenten-Pick-up in großem Stil, wobei die an diesem System teilnehmenden Filialen sehr leicht ausfindig zu machen sind. Unklar ist hingegen, ob die übrigen von uns untersuchten Partnerschaften zwischen Internetapotheken und Drogerien ebenfalls ein derartiges Geschäftsmodell aktiv betreiben oder zumindest vorbereiten. Die zum Teil von Bonus- und Rabattaktionen geprägte Zusammenarbeit erinnert zu einem gewissen Grad an die von gesetzlichen Krankenkassen betriebene Werbung für bestimmte Internetapotheken[77]. Vergleichbar mit den für Kassenmitglieder gewährten Rabatten, werden den Drogeriekunden als Belohnung für die Bestellung bei der Internetapotheke Einkaufsgutscheine angeboten. Deshalb liegt die Vermutung nahe, dass für die Versandapotheken die Attraktivität der Kooperationen mit Drogeriehändlern insbesondere in der Möglichkeit zur ausgedehnten Kundenwerbung liegt.

veröffentlicht in: Deutsche Apotheker Zeitung (45/2008), S. 62-64,

Abdruck erfolgt mit freundlicher Genehmigung des Deutschen Apotheker Verlags

[77] Vgl. J.K. Schweim, H.G. Schweim: „Krankenkassen werben für Internetapotheken", DAZ 07/35, Jahrgang 147, S. 49ff.

Krankenkassen werben für Internetapotheken
- Eine Untersuchung über die Werbung für Versandapotheken durch gesetzliche Krankenkassen im Internet -

Janna K. Schweim und Harald G. Schweim, Bonn

Mehrere Gerichte haben mittlerweile festgestellt, dass die von gesetzlichen Krankenkassen gegenüber ihren Mitgliedern betriebene Werbung für verschiedene Versandapotheken rechtswidrig ist. Die hier vorgestellte Untersuchung zur Frage, ob sich die Krankenkassen an das Werbeverbot halten, zeigt jedoch, dass starke Zweifel berechtigt sind. Nach wie vor stößt auf man auf den Internetseiten von Krankenkassen auf Hinweise, die bevorzugt auf Versandapotheken aufmerksam machen. Mit solchen Hinweisen verletzen die Krankenkassen auch das auferlegte Neutralitätsgebot.

Bereits am 9. August 2006 hatte das Sozialgericht Frankfurt a.M. im Wege der einstweiligen Anordnung entschieden, dass die von der AOK Hessen gegenüber ihren Mitgliedern betriebene Werbung für verschiedene Versandapotheken rechtswidrig ist[78]. Die dadurch bewirkte Beeinflussung der Versicherten zugunsten bestimmter Apotheken stellte in diesem speziellen Fall eine Verletzung des Beeinflussungsverbots gemäß §8 Abs. 1 S. 1 des Hessischen Arzneilieferungsvertrags (ALV)[79] i.V.m. §129 Abs. 5 SGB V durch Kranken- und Ersatzkassen dar. Zum anderen wurde aber auch eine allgemeine Verletzung des Art. 12 GG festgestellt, da die Krankenkasse durch ihr hoheitliches Verhalten das Recht der freien Berufsausübung und der Gleichbehandlung im Wettbewerb zuungunsten der öffentlichen Apotheken beeinträchtigt hat[80].

Dieser Beschluss ist am 30. April 2007 durch das hessische Landessozialgericht Darmstadt bestätigt worden, womit zugleich die von der AOK Hessen eingelegte Beschwerde zurückgewiesen wurde[81]. Demnach hat eine gesetzliche Krankenkasse es zu unterlassen, ihre Versicherten dahingehend zu beeinflussen, Medikamente, die im Rahmen der gesetzlichen Krankenversicherung bereitzustellen sind, über namentlich benannte Versandapotheken zu beziehen und dafür in schriftlicher oder elektronischer Form oder in Telefonaktionen zu werben. Darüber hinaus ver-

---

[78] Vgl. Sozialgericht Frankfurt, Beschluss vom 9.8.2006, Az.: S 21 KR 429/06 ER.

[79] Vgl. Fassung vom 01.07.2007: http://www.aokgesundheitspartner.de/imperia/md/content/gesundheitspartner/hessen/apotheke/vertraege/arzneilieferungsvertrag_01072007.pdf

[80] Vgl. BSG, Urteil vom 25.09.2001, Az.: B 3 KR 3/01 R.

[81] Vgl. Hessisches Landessozialgericht, Beschluss vom 30.4.2007, Az.: L 8 KR 199/06 ER.

letze der Abschluss von Einzelverträgen zwischen Krankenkassen und inländischen Apotheken das den Apothekerverbänden gemäß §129 SGB V zustehende Monopol zum Abschluss von Rahmenverträgen zur Arzneimittelversorgung[82], so dass auch die Informierung der Versicherten über solche Verträge als rechtswidrig einzustufen ist. Dasselbe muss für ausländische Versandapotheken gelten, die ebenfalls gemäß §129 SGB V dem allgemeinen Rahmenvertrag beitreten müssen, um eine Wettbewerbsverzerrung zu vermeiden[83].

Unter diesem Aspekt sollte auch der Beschluss des BGH vom 9. November 2006 zum Wettbewerbsrecht nicht ungenannt bleiben[84]. Demnach können Werbemaßnahmen von gesetzlichen Krankenkassen, die gegen wettbewerbsrechtliche Normen des UWG, die auch jeder private Mitbewerber beachten muss, verstoßen, von Verbänden wie der Wettbewerbszentrale oder privaten Krankenkassen vor den Zivilgerichten verfolgt werden. Weiterhin wird die Ausweitung der Anwendung des Wettbewerbsrechts, entgegen §69 SGB V, auch auf die Rechtsbeziehungen zwischen den gesetzlichen Krankenkassen und den Leistungserbringern gefordert[85].

Wettbewerbszentrale: Verstoß gegen UWG

Nach den Erfahrungen der Wettbewerbszentrale kämpfen Krankenkassen ebenso wie Anbieter auf anderen Märkten mit harten Bandagen um Mitglieder. Irreführende und unlautere Werbemaßnahmen der Krankenkassen gegenüber den Patienten haben seit der Schaffung der freien Kassenwahlmöglichkeit deutlich zugenommen. Die Wettbewerbszentrale hatte ein Marketingkonzept der nach eigenen Angaben größten Versandapotheke Deutschlands[86] als wettbewerbswidrig beanstandet. Das Konzept sieht die Einschaltung von Krankenkassen zur Gewinnung neuer Kunden vor. Die Apotheke bietet Krankenkassen so genannte Zuzahlungs-Gutscheine zur Weiterverteilung an die Versicherten an. Diese können die Gutscheine dann mit der Einsendung ihrer Rezepte bei der Versandapotheke einlösen. Laut Ankündigung der Apotheke wird die gesamte gesetzliche Zuzahlung für rezeptpflichtige Medikamente mit dem Gutschein verrechnet. Die Wettbewerbszentrale hatte die Werbemaßnahme wegen verschiedener Verstöße gegen apothekenrechtliche Vor-

82 Vgl. Landessozialgericht Rheinland-Pfalz, Beschluss vom 25.07.2005, Az.: L 5 27/05 ER

83 Vgl. T. Kieser, Apothekenwerbung durch Krankenkassen?, A&R 1, 20-24 (2007).

84 Vgl. BGH, Beschluss vom 09.11.2006, Az.: I ZB 28/06.

85 Vgl. http://www.wettbewerbszentrale.de/de/presse/pressemitteilungen/_pressemitteilung/?id=130.

86 Nach http://www.presseportal.de/pm/57223/1009244/sanicare_apotheke: Sanicare (d. Verf.).

schriften beanstandet. Zudem kritisierte sie, dass bei einem Zuzahlungsverzicht die Steuerungswirkung verloren gehe, da es dem Verbraucher gleichgültig sei, ob er ein günstigeres oder teureres Medikament erhalte, wenn er die Zuzahlung sowieso nicht tragen müsse. Ein Apotheker, der etwa Rabatte auf verschreibungspflichtige Arzneimittel gewährt oder auf Zuzahlungsbeträge verzichtet, kann ohne Weiteres vor Zivilgerichten und nach den Vorschriften des UWG auf Unterlassung in Anspruch genommen werden. Schaltet ein anderer (Versand-) Apotheker hierfür eine Krankenkasse ein, um diese als Werbebotschafter und Werbehelfer zugunsten seines eigenen Absatzes in die Aktion einzubinden, so ist das Gesetz gegen den unlauteren Wettbewerb nicht anwendbar.[87]

Sinn und Zweck dieser Untersuchung soll es sein, aufzuzeigen inwiefern sich die gesetzlichen Krankenkassen an die, in diesen gerichtlichen Beschlüssen herausgearbeiteten rechtlichen Aussagen in ihren Internetangeboten halten. Dabei muss natürlich, wie immer im Internet, eine Auswahl getroffen werden. Während es 1991 noch ca. 1200[88] gesetzliche Krankenkassen gab, hat der politisch gewollte Konzentrationsprozess bis 2007 zu etwa 240 (Stand: Februar 2007) bislang[89] „Überlebenden" geführt, die Ministerin Schmidt noch auf ca. 50 reduzieren möchte. Bisher vertreten auf Bundesebene sieben Spitzenverbände der verschiedenen Kassenarten die Krankenkassen in Deutschland: der AOK-Bundesverband, der Bundesverband der Betriebskrankenkassen (BKK), der Bundesverband der Innungskrankenkassen (IKK), der Verband der Angestellten-Krankenkassen (VdAK) und der Arbeiter-Ersatzkassen (AEV), die Deutsche Rentenversicherung Knappschaft-Bahn-See, der Bundesverband der landwirtschaftlichen Krankenkassen und die See-Krankenkasse. Dies wird sich erst ab 1. Juli 2008 durch Bildung des „Spitzenverbands Bund der Krankenkassen" für alle Kassenarten grundlegend verändern[90]. Daher haben wir uns entschieden, für diese Untersuchung Beispielkassen aus jedem der „alten" Spitzenverbände zu berücksichtigen. Dabei darf ins-

[87] Auszüge (kursiv) aus: Zentrale zur Bekämpfung unlauteren Wettbewerbs am 22. Januar 2007 (Aktenzeichen F 9-003/2006 IV em) an den Gesundheitsausschuss des Deutschen Bundestags zum Wettbewerb im Bereich der gesetzlichen Krankenkassen Der Bundesgerichtshof hat auf Antrag der Wettbewerbszentrale mit Beschluss vom 9. November 2006 (Az. BGH I ZB 28/06), der erst jetzt veröffentlicht wurde, entschieden, dass Wettbewerbsverbände und private Krankenkassen auch weiterhin gegen unzulässige Krankenkassenwerbung vorgehen können.

[88] http://de.wikipedia.org/wiki/Krankenkasse.

[89] Am 14.03.07 241 Siehe: http://www.kbv.de/media/pdf/Kompakt11v140307.pdf.

[90] http://www.aok-bv.de/lexikon/s/index_11520.html.

besondere die AOK Hessen, die ja Adressat des Beschlusses ist, in ihrer herausgehobenen Stellung nicht fehlen.

Ein Besuch auf ihrer Internetseite[91] zeigt, dass diese Krankenkasse aus dem Sozialgerichtsverfahren, in dem sie unterlegen war, offenbar lediglich die Konsequenz gezogen hat, bei der Werbung für die Versandapotheken, mit denen sie kooperiert, nicht mehr ganz so offensiv vorzugehen. Exklusiv für AOK-Mitglieder wurde ein Kundentelefon eingerichtet, an dem man sich zu Versandapotheken/Apotheken beraten lassen kann:

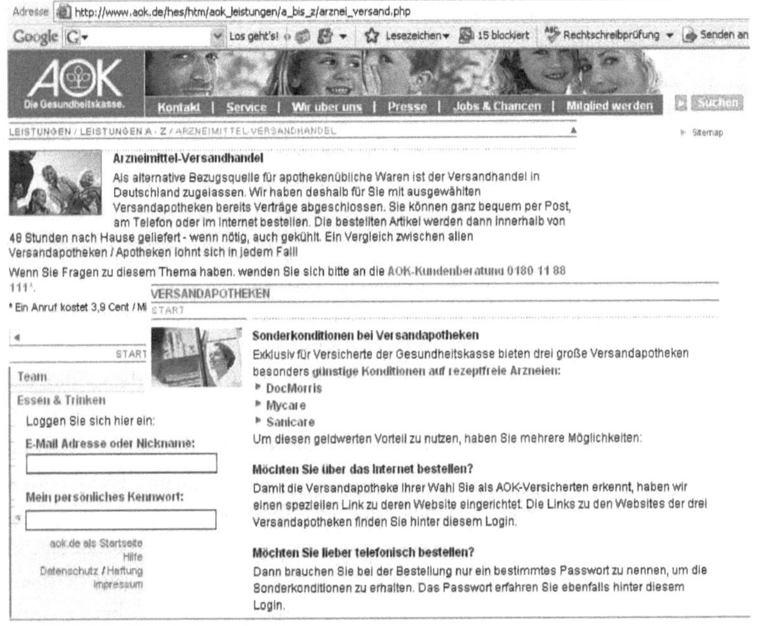

13 AOK-Werbung: Diese Krankenkasse richtete ein Kundentelefon für Mitglieder ein, an dem man sich zu Versandapotheken beraten lassen kann.

Außerdem bietet die AOK Hessen ihren Versicherten exklusiv „besonders günstige Konditionen auf rezeptfreie Arzneien“ bei drei großen Versandapotheken:

91 Alle Abb. wurden jeweils aus Platzgründen aus einer oder mehreren Web-Seiten der Präsentation der entsprechenden Kasse zusammenkopiert und geben NICHT die Originalwebseite wieder.

DocMorris, Mycare und Sanicare, die interessanterweise auch schon in der beanstandeten Informationsbroschüre vom März 2006 Erwähnung fanden. Damit der AOK-Versicherte „besonders bequem per Internet bestellen kann“, hat die AOK Hessen Verlinkungen direkt zu den Internetseiten der aufgezählten Versandapotheken eingerichtet, die jedoch nur über einen gesonderten Login zu erreichen sind.

Aber auch bei den anderen gesetzlichen Krankenkassen finden sich deutliche, an die Versicherten gerichtete, Empfehlungen bei kooperierenden Versandapotheken zu bestellen, die eine „unkomplizierte Rezeptbelieferung“ garantieren:

So wird man von der Internetseite der Gmünder Ersatzkasse (GEK) sogar über direkte Links zu den „Kassenrezepte (…) versandkostenfrei“ beliefernden Versandapotheken „Europa-Apotheek Venlo“ und „Zur Rose Versandapotheke“ sowie zur „Doc Morris N.V.“, die über ein „interessantes Bonusangebot für Arzneimittel auf Rezept“ verfügt, weitergeleitet. Als weiteren Service bietet die GEK einen detaillierten Vergleich der unterschiedlichen Vorzüge ihrer Partner-Versandapotheken als pdf-Dokument[92] zum Download an.

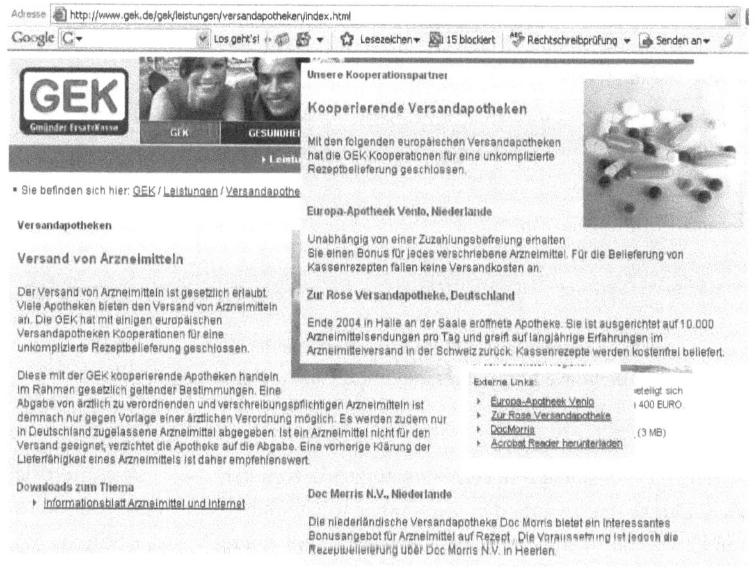

[92] http://www.gek.de/media/downloads/sonstiges/GEK-Kooperationsapotheken_Vergleich.pdf.

14 GEK-Werbung: Die Versicherten der GEK werden über direkte Links zur Europa-Apotheek Venlo und Zur Rose Versandapotheke weitergeleitet.

Nach den „verlockenden" Ankündigungen von „Sonderkonditionen" bzw. „Bonusangeboten" werden endlich auch konkrete Zahlen genannt: So gewährt die Versandapotheke „Doc Morris" den Mitgliedern der G+H BKK „2,5 % Extrarabatt auf rezeptfreie Medikamente", die ohnehin „bis zu 40 Prozent günstiger als der empfohlene Apothekenverkaufspreis" sind. Ganz unkompliziert erhält der Versicherte den erwähnten Extrarabatt durch einmalige Zusendung einer Kopie der Versichertenkarte bei jeder zukünftigen Bestellung. Und auch bei rezeptpflichtigen Arzneimitteln kann jedes Mitglied der G+H BKK sparen, da „Doc Morris einen Bonus in Höhe der halben gesetzlichen Zuzahlung - auch bei Zuzahlungsbefreiung" gewährt.

15 Offen werden Mitgliedern der G+H BKK die Vorzüge der Zusammenarbeit mit DocMorris verdeutlicht wie Extrarabatt und nur die halbe Zuzahlung.

Als weitere, die Versandapotheken unterstützende Krankenkasse konzentriert sich die IKK-Direkt ganz auf die Zusammenarbeit mit der Versandapotheke „Sanicare", welche sie als einen der „Testsieger" bei einem Test der Stiftung Warentest vom März 2005 anpreist.

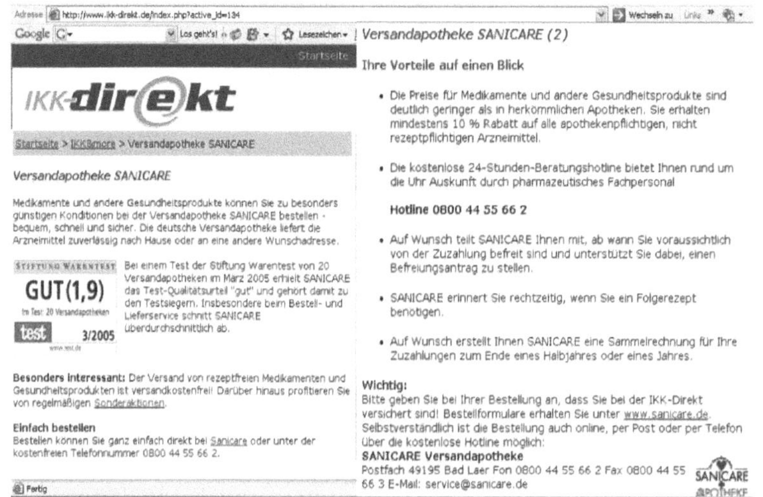

16 IKK-Direkt-Werbung: Nicht zu übersehen bei der IKK-Direkt: Hinweis auf die Zusammenarbeit mit der Versandapotheke Sanicare, die als Testsieger bei "test" angepriesen wird.

Auch hier sollen vor allem die „besonders günstigen Konditionen" den Versicherten vom Vorteil der Versandapotheke gegenüber der „herkömmlichen Apotheke" überzeugen, da er „mindestens 10 % Rabatt auf alle apothekenpflichtigen, nicht rezeptpflichtigen Arzneimittel" erhält. Auch hier darf eine Verlinkung auf die Internetseite sowie eine Angabe von Postanschrift und kostenloser Bestellhotline der „Sanicare Versandapotheke" der Vollständigkeit halber nicht fehlen.

Die Deutsche Angestellten Krankenkasse (DAK) versteht ihre Zusammenarbeit mit drei verschiedenen Versandapotheken als Kundenservice und verlinkt ihre Internetseite direkt mit den Homepages von „Doc Morris", „Europa Apotheek" und „Zur Rose". Die besondere Empfehlung der DAK gilt jedoch der Versandapotheke „Zur Rose", bei der DAK-Versicherte von „speziellen Angeboten" bei „freiverkäuflichen Medikamenten", deren Preise „weit unter den durchschnittlichen Preisen liegen", profitieren können.

17 DAK-Werbung: Hier wird bei den Versicherten als Kundenservice die Zusammenarbeit mit drei Versandapotheken groß herausgestellt.

Auch die Kaufmännische Krankenversicherung (KKH) hat das Potential des Arzneimittelversands erkannt und konsequenterweise gemeinsam mit ihrem Kooperationspartner, der „Europa Apotheek Venlo“, den „MedikamentenSHOP“ ins Leben gerufen. Dieser ist für registrierte Nutzer über das „Versicherten-Portal“ der KKH-Homepage zu erreichen, von wo aus direkt im Online-Shop der „Europa Apotheek“ bestellt werden kann.

Die Online-Bestellung von Medikamenten wird den KKH-Versicherten mit der Inaussichtstellung von Online-Sonderrabatten und quartalsmäßigen Gutschriften angepriesen. Ein Satz bringt auf den Punkt, was den Arzneimittelversandhandel ausmacht: „Mit dem Bonussystem der Europa Apotheek Venlo sparen KKH-Versicherte bares Geld!“

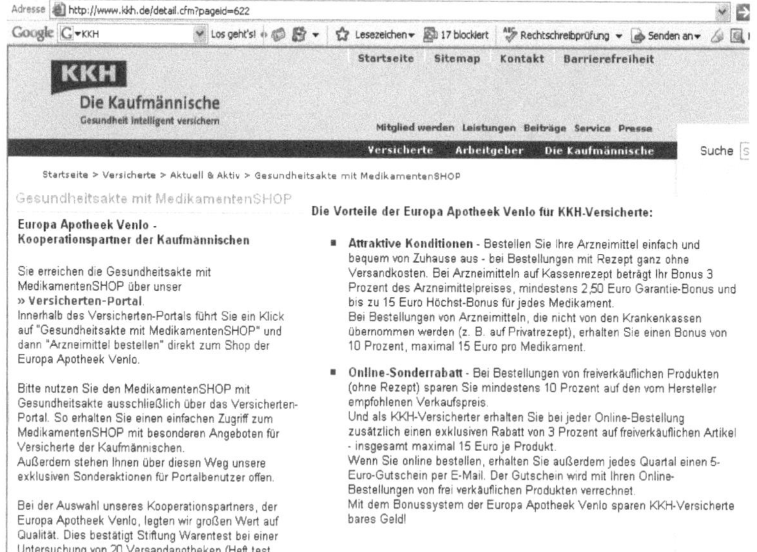

18 KKH-Werbung: Deutliche Hinweise auf die Kooperation mit der Europa-Apotheek Venlo. Besonders wird das Bonus-System der Versandapotheke nahegelegt.

Als weiteres Beispiel einer Angestelltenkrankenkasse soll noch auf die Techniker Krankenkasse (TK) aufmerksam gemacht werden, die ihre Kooperationspartner in deutsche und europäische unterteilt und ausdrücklich darauf hinweist, dass „ein Bonus auf rezeptpflichtige Arzneimittel (...) deutschen Apotheken nicht möglich" ist, ganz im Gegensatz zur europäischen Kooperationsapotheke „Doc Morris". Es wird bei „jedem zuzahlungspflichtigen Medikament" eine Ersparnis von „bis zu 5 Euro, mindestens aber 2,50 Euro" zugesichert. Diese Betonung lässt keine Zweifel offen, welche Versandapotheke die TK ihren Mitgliedern als diejenige der ersten Wahl nahegelegt.

Interessant ist ebenfalls der „besondere Hinweis" auf „Sonderkonditionen für TK-Versicherte", die passwortgeschützt nur über einen „TK-Exklusiv Login" für registrierte Versicherte zugänglich sind:

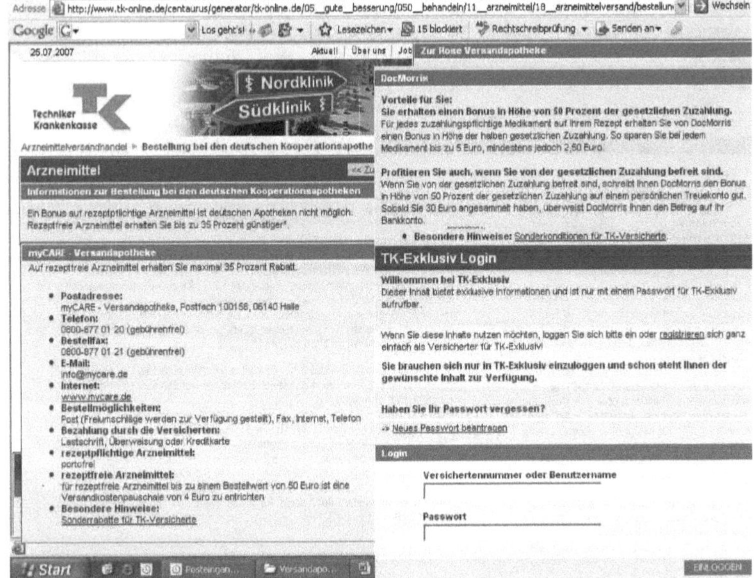

19 TK-Werbung: Sie macht ihre Versicherten auf die DocMorris-Versandapotheke aufmerksam, bei der sie mindestens 2,50 Euro an Zuzahlung sparen können.

Die Landessozialversicherung Niedersachsen-Bremen (LSV NB), als Vertreterin des Bundesverbands der landwirtschaftlichen Krankenkassen (LKK), wirbt für die „Sanicare"-Apotheke, mit der sie eine „besondere Vereinbarung" geschlossen hat. Als deren Vorzüge werden u.a. „mindestens 10 % Rabatt"auf freiverkäufliche Arzneimittel, „immer wiederkehrende Sonderangebote" und die „Bestellung unabhängig von Öffnungszeiten der Apotheken vor Ort rund um die Uhr" aufgezählt.

Arzneimittel und Gesundheitsprodukte auch aus der Versandapotheke:

Versicherte der LKK NB können Ihre Medikamente und Gesundheitsprodukte jetzt auch bei der Versandapotheke SANICARE bequem und preisgünstig bestellen. Alle in der Apotheke freiverkäuflichen Arzneimittel bietet die SANICARE-Versandapotheke beispielsweise mit mindestens 10 % Rabatt an. Die Bestellung ist unabhängig von Öffnungszeiten "rund um die Uhr" möglich und funktioniert ganz einfach per Brief, Telefon oder Internet. Geliefert wird versandkostenfrei an jede gewünschte Adresse in Deutschland.

Die LKK NB hat für ihre Versicherten eine besondere Vereinbarung mit der Versandapotheke SANICARE geschlossen. Bei der Auswahl dieses Partners legte die LKK großen Wert auf Qualität und Service. Dies bestätigt eine Untersuchung von 20 Versandapotheken durch die Stiftung Warentest (Heft 3/2005). Hier erzielte SANICARE mit dem Testurteil "gut" (Note 1,9) die beste Bewertung und belegte zusammen mit zwei weiteren Versandapotheken den ersten Platz.

Vorteile für LKK-Versicherte:

- Günstige Preise
  Die SANICARE-Versandapotheke gibt grundsätzlich 10 % Rabatt auf alle nur in der Apotheke erhältlichen, aber nichtrezeptpflichtigen Arzneimittel sowie weitere Gesundheitsprodukte aus dem Sortiment. Bei immer wiederkehrenden Sonderangeboten lassen sich sogar bis zu 30 % sparen.
- Bequeme Bestellung
  Die Bestellung ist unabhängig von den Öffnungszeiten der Apotheken vor Ort "rund um die Uhr" möglich und spart so Zeit und Wege:
  - per Telefon unter der gebührenfreien Bestell-Hotline: 0800-4904905 oder
  - per Fax 0800-4455663,
  - Internet-Nutzer können direkt die Adresse www.sanicare.de anwählen

Auch verschreibungspflichtige Medikamente, die vom Arzt auf Kassenrezept verordnet wurden, können bestellt werden.
Hierzu benötigt SANICARE zusätzlich das Originalrezept, das per Brief an:
SANICARE-Versandapotheke, Postfach, 49195 Bad Laer, geschickt werden kann.

20 LKK-Werbung: Die Landessozialversicherung Niedersachsen wirbt bei ihren Versicherten mit der besonderen Vereinbarung mit der Sanicare.

Im Gegensatz zu einigen der anderen Krankenkassen weist die LKK NB zumindest darauf hin, dass die Versandapotheke, wie im Fall des dringenden Medikamentenbedarfs bei plötzlichen Erkrankungen, nicht immer die erste Wahl kann sein und dass alle Versicherten „auch weiterhin die völlig freie Wahl (haben), in welcher Apotheke sie ihre Medikamente besorgen wollen".

Auf der Internetseite der Knappschaft-Bahn-See (KBS) finden sich zunächst keine Hinweise auf Versandapotheken. Allerdings gibt die Krankenkasse viermal jährlich die Zeitschrift „tag“ zur Information an ihre Mitglieder heraus, von denen einige Exemplare auf der Homepage archiviert sind. In den Ausgaben 3/2004[93] und 4/2004[94] hat die Knappschaft die bei ihr Versicherten über Versandapotheken informiert und für jene Versandapotheken, „Doc Morris“ und „Europa Apotheek“, mit denen sie Verträge geschlossen hat, geworben.

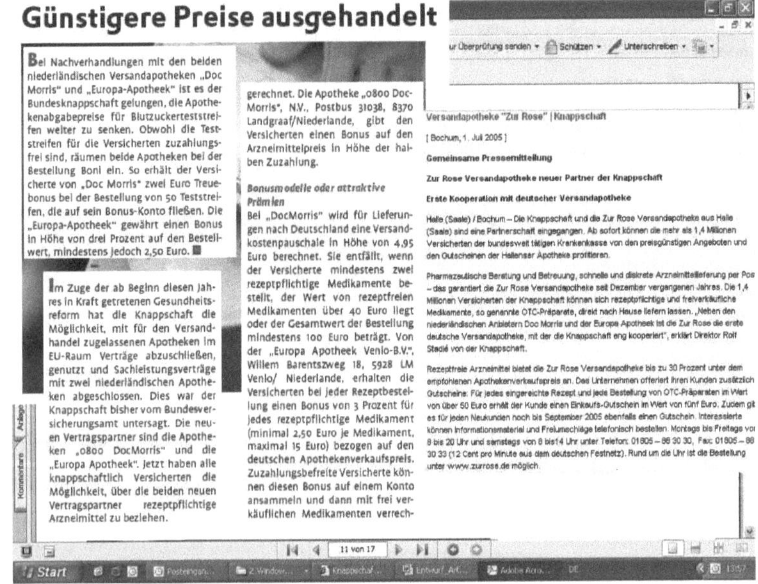

Günstigere Preise ausgehandelt

Bei Nachverhandlungen mit den beiden niederländischen Versandapotheken „Doc Morris“ und „Europa-Apotheek“ ist es der Bundesknappschaft gelungen, die Apothekenabgabepreise für Blutzuckerteststreifen weiter zu senken. Obwohl die Teststreifen für die Versicherten zuzahlungsfrei sind, räumen beide Apotheken bei der Bestellung Boni ein. So erhält der Versicherte von „Doc Morris“ zwei Euro Treuebonus bei der Bestellung von 50 Teststreifen, die auf sein Bonus-Konto fließen. Die „Europa-Apotheek“ gewährt einen Bonus in Höhe von drei Prozent auf den Bestellwert, mindestens jedoch 2,50 Euro.

Im Zuge der ab Beginn diesen Jahres in Kraft getretenen Gesundheitsreform hat die Knappschaft die Möglichkeit, mit für den Versandhandel zugelassenen Apotheken im EU-Raum Verträge abzuschließen, genutzt und Sachleistungsverträge mit zwei niederländischen Apotheken abgeschlossen. Dies war der Knappschaft bisher vom Bundesversicherungsamt untersagt. Die neuen Vertragspartner sind die Apotheken „0800 DocMorris“ und die „Europa Apotheek“. Jetzt haben alle knappschaftlich Versicherten die Möglichkeit, über die beiden neuen Vertragspartner rezeptpflichtige Arzneimittel zu beziehen.

Bonusmodelle oder attraktive Prämien

Bei „DocMorris“ wird für Lieferungen nach Deutschland eine Versandkostenpauschale in Höhe von 4,95 Euro berechnet. Sie entfällt, wenn der Versicherte mindestens zwei rezeptpflichtige Medikamente bestellt, der Wert von rezeptfreien Medikamenten über 40 Euro liegt oder der Gesamtwert der Bestellung mindestens 100 Euro beträgt. Von der „Europa Apotheek Venlo-B.V.“, Willem Barentszweg 18, 5928 LM Venlo/ Niederlande, erhalten die Versicherten bei jeder Rezeptbestellung einen Bonus von 3 Prozent für jedes rezeptpflichtige Medikament (minimal 2,50 Euro je Medikament, maximal 15 Euro) bezogen auf den deutschen Apothekenverkaufspreis. Zuzahlungsbefreite Versicherte können diesen Bonus auf einem Konto ansammeln und dann mit frei verkäuflichen Medikamenten verrechnet. Die Apotheke „0800 DocMorris“, N.V., Postbus 31038, 8370 Landgraaf/Niederlande, gibt den Versicherten einen Bonus auf den Arzneimittelpreis in Höhe der halben Zuzahlung.

Versandapotheke "Zur Rose" | Knappschaft

[Bochum, 1. Juli 2005]

Gemeinsame Pressemitteilung

Zur Rose Versandapotheke neuer Partner der Knappschaft

Erste Kooperation mit deutscher Versandapotheke

Halle (Saale) / Bochum – Die Knappschaft und die Zur Rose Versandapotheke aus Halle (Saale) sind eine Partnerschaft eingegangen. Ab sofort können die mehr als 1,4 Millionen Versicherten der bundesweit tätigen Krankenkasse von den preisgünstigen Angeboten und den Gutscheinen der Hallenser Apotheke profitieren.

Pharmazeutische Beratung und Betreuung, schnelle und diskrete Arzneimittellieferung per Pos – das garantiert die Zur Rose Versandapotheke seit Dezember vergangenen Jahres. Die 1,4 Millionen Versicherten der Knappschaft können sich rezeptpflichtige und freiverkäufliche Medikamente, so genannte OTC-Präparate, direkt nach Hause liefern lassen. „Neben den niederländischen Anbietern Doc Morris und der Europa Apotheek ist die Zur Rose die erste deutsche Versandapotheke, mit der die Knappschaft eng kooperiert“, erklärt Direktor Rolf Stadié von der Knappschaft.

Rezeptfreie Arzneimittel bietet die Zur Rose Versandapotheke bis zu 30 Prozent unter dem empfohlenen Apothekenverkaufspreis an. Das Unternehmen offeriert ihren Kunden zusätzlich Gutscheine: Für jedes eingereichte Rezept und jede Bestellung von OTC-Präparaten im Wert von über 50 Euro erhält der Kunde einen Einkaufs-Gutschein im Wert von fünf Euro. Zudem gilt es für jeden Neukunden noch bis September 2005 ebenfalls einen Gutschein. Interessierte können Informationsmaterial und Freiumschläge telefonisch bestellen. Montags bis Freitags vo 8 bis 20 Uhr und samstags von 8 bis14 Uhr unter Telefon: 01805 – 88 30 30, Fax: 01805 – 88 30 33 (12 Cent pro Minute aus dem deutschen Festnetz). Rund um die Uhr ist die Bestellung unter www.zurrose.de möglich.

21 Knappschaft: Für die mit DocMorris und Europa-Apotheek abgeschlossenen Verträge wird auf der Seite der Knappschaft geworben.

In einer Pressemitteilung vom 1. Juli 2005 hat die Knappschaft darüber hinaus bekannt gegeben, dass sie mit der „Zur Rose Versandapotheke“ eine weitere Partnerschaft eingegangen ist.

[93]http://www.kbs.de/SharedDocs/Bilder/tag/tag3__2004,templateId=raw,property=publicationFile.pdf/tag3_2004.pdf

[94]http://www.kbs.de/SharedDocs/Bilder/tag/tag4__2004,templateId=raw,property=publicationFile.pdf/tag4_2004.pdf

Die Seekrankenkasse veröffentlicht ebenfalls viermal jährlich ein Informationsmagazin und hat seine Mitglieder in der Ausgabe 01/2005 der „See-Sozialversicherung" über ihren Kooperationsvertrag mit der Versandapotheke „Doc Morris" informiert[95].

Auch wenn diese Mitteilungsblätter zeitgebundene Informationen wie Zeitungen darstellen und durch die aktuelle Rechtslage faktisch überholt worden sind, erwecken sie beim Besucher doch den Eindruck, die Verträge wären aktuell gültig. Ob sie es (noch) sind, konnten wir auf den Web-Seiten mangels Information nicht prüfen.

Fazit:

Nach der Betrachtung dieser nur exemplarisch vorgestellten Internetseiten sind starke Zweifel berechtigt, ob sich die Empfehlungen von Versandapotheken bzw. Kooperationen zwischen Krankenkassen und Versandapotheken im Rahmen des gesetzlich Zulässigen bewegen. Insbesondere die zahlreichen Hinweise, durch die Bestellung bei europäischen Versandapotheken, die gesetzliche Zuzahlung zu rezeptpflichtigen Medikamenten sparen zu können, sollten besorgt stimmen. Der eingangs erwähnte Beschluss des Sozialgerichts Frankfurt[96] weist ausdrücklich darauf hin, dass die Zuzahlungsregelungen eingehalten werden müssen: „Der Zweck dieser Zuzahlungsregelung liegt nicht allein darin, den gesetzlichen Krankenkassen, die Inhaber des Anspruches auf Zuzahlung sind, eine Einsparmöglichkeit zu eröffnen, sondern auf die Versicherten edukatorisch dahingehend einzuwirken, dass Medikamente nur bei echtem Bedarf eingesetzt werden sollen und dann auch eine konsequente Einnahme mit entsprechender Compliance der Versicherten erfolgen soll. Dieser Zweck wird verfehlt, wenn die Versicherten ganz oder teilweise von der Zuzahlung, ohne dass die für eine Befreiung vorgesehenen Voraussetzungen vorliegen, freigestellt werden und die Pflicht zur Zahlung des Kostenanteils nicht mehr erfahrbar wird." Auch ausländische Arzneimittelversender unterliegen bei Werbung in und Vertrieb nach Deutschland deutschem Recht[97]. Die an den Tag gelegten Geschäftspraktiken gefährden u. E. sowohl die Solidargemeinschaft als auch die Gesundheit der Versicherten. Alle so genannten „Kooperationsverträge" zwischen einer gesetzlichen Krankenkasse und einer, deutschland- oder europa

95 http://www.see-bg.de/seekrankenkasse/downloads/seesozial_2005_01.pdf.

96 Vgl. Sozialgericht Frankfurt, Beschluss vom 9.8.2006, Az.: S 21 KR 429/06 ER.

97 Vgl. BGH, Urteil vom 30.03.2006, Az.: I ZR 24/03.

weit agierenden, Versandapotheke stellen sich im Lichte des §129 SGB V u. E. als rechtswidrig dar. Durch die Betonung der Vorzüge von Versandapotheken gegenüber Offizinapotheken verletzen die gesetzlichen Krankenkassen außerdem eindeutig das ihnen, als Körperschaften des öffentlichen Rechts, auferlegte Neutralitätsgebot.

Besonders pikant kann es werden, wenn die klaren Erkenntnisse des OLG Frankfurt in weiteren Instanzen Folgen haben sollten[98]: *Den Richtern zufolge wird DocMorris dem in der Länderliste aufgestellten Erfordernis der "gleichzeitigen Unterhaltung" einer Präsenzapotheke "gerade noch gerecht". Zwar handele es sich "nach Lage, (fehlender) Außenwerbung, Größe und Gestaltung der Räumlichkeiten sowie nach dem äußerst begrenzten Angebot an Medikamenten um eine Verkaufsstelle, die auf das Laufpublikum keine nennenswerte Attraktivität ausübt". Auch aus der durchschnittlichen Kundenfrequenz - Zeugen berichten von zwei Kunden am Tag - lasse sich ableiten, dass die holländische Apotheke nicht mit einer deutschen vergleichbar ist. Es könne sogar "kein Zweifel" daran bestehen, dass mit dieser Präsenzapotheke nur formal die Voraussetzungen der Länderliste erfüllt werden sollen.*

veröffentlicht in: Deutsche Apotheker Zeitung (35/2007), S. 49-53,

Abdruck erfolgt mit freundlicher Genehmigung des Deutschen Apotheker Verlags

[98] DAZ, 147. Jahrgang – Nr. 07/31.

Wie andere Länder den Versandhandel regeln - Länderbeispiele zum europäischen und internationalen Versandhandel mit Arzneimitteln -

Janna K. Schweim und Harald G. Schweim, Bonn

Das Thema des Versandhandels mit Arzneimitteln wird auch in diesem Jahr in aller Munde sein, denn es hat nichts an Aktualität eingebüßt. Mit Spannung verfolgen wir weiterhin das politische und juristische Tauziehen um dieses Phänomen des Gesundheitswesens. Wir wissen um die damit zusammenhängenden Probleme in Deutschland, aber wie sieht es im europäischen Ausland und im Rest der Welt aus? Dieser Beitrag möchte sich mit den folgenden Fragestellungen auseinandersetzen: Ist der Versandhandel mit - verschreibungspflichtigen und/oder nicht-verschreibungs-pflichtigen - Medikamenten im Ausland erlaubt oder verboten? Wie wird das Angebot von der Bevölkerung angenommen und welche Probleme bereitet es möglicherweise?

Europa – nicht EU

- **Schweiz**

22 Schweiz: **Dieses Land unterscheidet rechtlich zwischen Internethandel und Versandhandel.**

In Deutschland ist die aus der Schweiz stammende Internetapotheke „Zur Rose“ schon zu einiger Bekanntheit gelangt. Doch wie gestaltet sich die Marktsituation für diese Versandapotheke und ihre Kollegen „Mediservice", „pharmadirect.ch" u. a. im eigenen Herkunftsland?

Zunächst soll erwähnt werden, dass in der Schweiz rechtlich zwischen Internethandel und Versandhandel unterschieden wird.
Unter Internethandel wird hingegen der Bezug von Arzneimitteln via Internet verstanden. Das schweizerische Heilmittelgesetz (HMG) verbietet prinzipiell den Internethandel mit Arzneimitteln und untersagt gemäß Art. 27 Nr. 1 HMG auch grundsätzlich den Versandhandel mit Arzneimitteln. Von diesem Grundsatz werden jedoch in Art. 27 Nr. 2 HMG einige reglementierte Ausnahmen gemacht. Demnach ist der Arzneimittelversand letztendlich doch gestattet, wenn für das betreffende Arzneimittel eine ärztliche Verschreibung vorliegt, keine Sicherheitsanforderungen entgegenstehen, eine sachgemäße Beratung gewährleistet und eine ausreichende ärztliche Überwachung der Wirkung sichergestellt ist. Darüber hinaus muss eine Bewilligung seitens des jeweilig zuständigen Kantons erteilt werden (Art. 27 Nr. 4 HMG). Zuwiderhandlungen können mit einem schweren Bußgeld von bis zu 500.000 Franken (ca. 311.970 Euro) geahndet werden.
Vor dieser Form des Medikamentenbezugs warnen das schweizerische Heilmittelinstitut „Swissmedic" und der Schweizer Apotheker Verband „pharmaSuisse" die Patienten eindringlich und raten ihnen ihre Medikamente ausschließlich via Schweizer Apotheken zu beziehen.

http://www.pharmasuisse.org/de/apotheke_gesundheit/03_medikamente_online.php?navanchor=10000

pharmaSuisse

Apotheke & Gesundheit | Pharmazie & Fachpublikum | Porträt & Services | Medien | Schweizerischer Apothekerverband

Apotheke & Gesundheit
Aktuell
Gesundheitstipps
> Medikamente online
Internethandel
Versandhandel
astrea – Ihre Zeitschrift
Qualität & Kompetenz
Arbeitsplatz Apotheke
Internet-Tipps

Medikamente online

Viagra, Baldrian & Co. via Internet

Im Zeitalter von Internet und E-Commerce liegt der Gedanke nahe: warum bestellt man sich die Medikamente eigentlich nicht per Mausklick direkt ins Haus? Das klappt doch zum Beispiel auch bei Büchern problemlos...

Aber wie würden Sie reagieren, wenn das Buch kommt, Goethe drauf steht, aber Konsalik drin ist? Bei einem Buch ist es schlimmstenfalls ärgerlich, und mit etwas Glück bekommen Sie Ersatz. Was aber, wenn Insulin drauf steht und Traubenzucker drin ist? Woher wollen Sie sicher sein, dass das bestellte Medikament wirklich die Substanzen enthält, die auf der Verpackung stehen?

Internethandel und Versandhandel
Das Heilmittelgesetz verbietet in der Schweiz den Internethandel mit Arzneimitteln. Der Versandhandel ist grundsätzlich auch untersagt. Allerdings gibt es hier einige streng reglementierte Ausnahmen.

Suche
Do 14.02.08 11:17
Gesundheitstipps
Jede Menge Tipps und Tricks, wie man mit Alltagsbeschwerden besser klar kommt. Angefangen bei Akne über Kopfschmerzen bis hin zu Warzen. Ob es um Vorbeugung, konkrete Beschwerden oder das passende Medikament geht – bestimmt helfen Ihnen unsere Tipps weiter!
Mehr...

23 Verboten und doch nicht: Das schweizerische Heilmittelgesetz verbietet den Internethandel und grundsätzlich auch den Versandhandel mit Arzneimitteln. Es gibt aber Ausnahmen.

Wenn nach der Einnahme von online bestellten Arzneimitteln Nebenwirkungen auftreten sollten, können die Patienten keinen Schadensersatz geltend machen.
Als sog. "Versandhandel" gilt der Handel mit Waren, die in Katalogen, Prospekten oder Anzeigen angeboten und an die Kundschaft versendet werden. Die bestellte Ware wird der Käuferin oder dem Käufer auf dem Versandweg (meist Postversand) zugestellt. Zum Versandhandel gehören die Aufnahme von Bestellungen beim Kunden oder der Kundin, die Vermittlung von Bestellungen und der Versand von Bestellformularen. Der Erwerb einer Versandhandelsbewilligung ist, zum Schutz der Bevölkerung, an strenge Voraussetzungen geknüpft. So schreibt Art. 29 der schweizerischen Arzneimittelverordnung (VAM) vor, dass der Antragsteller im Besitz einer Detailhandelsbewilligung zur Führung einer öffentlichen Apotheke sein muss. Des Weiteren muss der Nachweis eines die gesetzlichen Auflagen erfüllenden Qualitätssicherungssystems, insbesondere bezüglich sämtlicher Überprüfungen rund um das ärztliche Rezept und der Identität des Rezeptinhabers, erbracht werden.
Allerdings wird anhand des folgenden Beispiels deutlich, dass trotz dieser Sicherheitsvorkehrungen rechtliche „Graubereiche" verbleiben, die von findigen Geschäftsleuten weidlich ausgenutzt werden: So praktiziert die in Widnau ansässige Firma „Pharmapool", die selbst über keine Versandhandelsbewilligung verfügt, von den Behörden stillschweigend toleriert, seit fünf Jahren das Geschäftsmodell eines sog. „passiven" Versandhandels. Für die Rezeptkontrolle und die Verrechnung der Medikamente ist eine öffentliche Apotheke zwischengeschaltet, die Zustellung der Präparate erfolgt an Ärzte, die ihrerseits schließlich die entsprechenden Bestellungen an die Patienten in ihrer Praxis abgeben. Doch auch diese Vorgehensweise wird von der Heilmittelbehörde „Swissmedic" als Medikamentenversand eingestuft, der einer offiziellen Bewilligung bedarf, da der Arzt faktisch nur als Paketabholstelle fungiere[99]. Der Apothekerverband Pharmasuisse seinerseits hat die Behörden aufgefordert, den Arzneiversand ohne Bewilligung sofort zu unterbinden, denn es sei „inakzeptabel, dass sich Firmen aufgrund rein finanzieller Interessen über die gesetzlichen Bestimmungen hinwegsetzen"[100].

Auch sonst erweist sich das in der Schweiz praktizierte Versandsystem mittlerweile als problematisch. Die Ärzte übermitteln mit Zustimmung der Patienten das von ihnen ausgestellte Rezept direkt elektronisch an die von ihnen bevorzugte belie-

---

[99] Vgl. Bundi, Annetta: Fragwürdiger Arzneiversand aufgeflogen, Tages-Anzeiger vom 24.01.2008, http://www.tagesanzeiger.ch/dyn/news/print/wirtschaft/835304.html.
[100] Vgl. Bundi, Annetta: Fragwürdiger Arzneiversand aufgeflogen, Tages-Anzeiger vom 24.01.2008, http://www.tagesanzeiger.ch/dyn/news/print/wirtschaft/835304.html.

fernde Versandhandelsapotheke und profitieren davon in Form einer Aufwandsentschädigung. Für den Patienten ergeben sich dadurch die Nachteile, dass er in seiner Entscheidungs- und Handlungsfreiheit, ob er eine bestimmte Behandlung überhaupt wünscht, beschränkt und ihm die Möglichkeit verwehrt wird, in seiner Apotheke die unabhängige Zweitmeinung des Apothekers einzuholen. Offenbar war dem Gesundheitsdepartement des Kantons Aargau darüber hinaus die gängige Praxis, dass viele Ärzte zusätzlich als Aktionäre am Gewinn der Versandapotheken beteiligt sind, ein Dorn im Auge und untersagte ihnen Anfang Juli letzten Jahres die Weiterleitung von Rezepten an die Versandapotheke „Zur Rose“[101]. Nach Ansicht des Schweizer Apothekerverbandes muss das Problem dieser finanziellen Interessenverflechtung auch auf nationaler Ebene dringend gelöst werden.

Europa – EU

- **Österreich**

In unserem Nachbarland Österreich ist der Internethandel mit Medikamenten grundsätzlich verboten. Begründet wird dieses Verbot mit dem völligen Fehlen einer persönlichen kompetenten Beratung des Patienten durch einen ausgebildeten Apotheker und der dazugehörenden Aufklärung über Risiken, Neben- und Wechselwirkungen von Medikamenten. Auch der Versand selbst stellt bereits ein Sicherheitsrisiko für den Patienten dar, da nicht nachvollzogen werden kann, was während des Transports mit der sensiblen Ware Arzneimittel geschehen ist, insbesondere wenn es sich um speziell zu lagernde oder zu kühlende Substanzen handelt.

Eine weitere mit dem Internethandel einhergehende Gefahr besteht in der Möglichkeit an illegale oder gefälschte Medikamente zu geraten. In Österreich wird - nach Aussage von Mag. Heinrich Burggasser, Präsident der Österreichischen Apothekerkammer - durch die effiziente und strenge Arzneimittelkontrolle von der Beschaffung bis zur Abgabe durch die Apotheken vor Ort verhindert, dass illegale Medikamente in den Arzneimittelverkehr gelangen und somit den Konsumenten die größtmögliche Arzneimittelsicherheit geboten.

[101] Vgl. Schweiz - Rückschlag für „Zur Rose“, http://www.apotheke-adhoc.de/index.php?m=1&s=4&showPage=14&id=29.

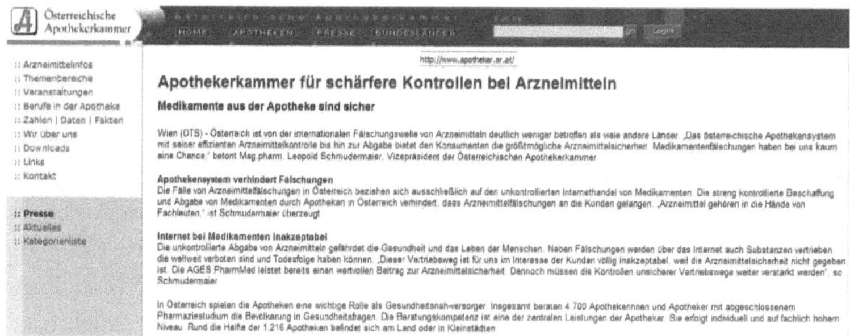

Österreichische Apothekerkammer

HOME APOTHEKEN PRESSE BUNDESLÄNDER

:: Arzneimittelinfos
:: Themenbereiche
:: Veranstaltungen
:: Berufe in der Apotheke
:: Zahlen | Daten | Fakten
:: Wir über uns
:: Downloads
:: Links
:: Kontakt

:: Presse
:: Aktuelles
:: Kategorienliste

http://www.apotheker.or.at/

Apothekerkammer für schärfere Kontrollen bei Arzneimitteln

Medikamente aus der Apotheke sind sicher

Wien (OTS) - Österreich ist von der internationalen Fälschungswelle von Arzneimitteln deutlich weniger betroffen als viele andere Länder. „Das österreichische Apothekensystem mit seiner effizienten Arzneimittelkontrolle bis hin zur Abgabe bietet den Konsumenten die größtmögliche Arzneimittelsicherheit. Medikamentenfälschungen haben bei uns kaum eine Chance," betont Mag.pharm. Leopold Schmudermaier, Vizepräsident der Österreichischen Apothekerkammer.

Apothekensystem verhindert Fälschungen
Die Fälle von Arzneimittelfälschungen in Österreich beziehen sich ausschließlich auf den unkontrollierten Internethandel von Medikamenten. Die streng kontrollierte Beschaffung und Abgabe von Medikamenten durch Apotheken in Österreich verhindert, dass Arzneimittelfälschungen an die Kunden gelangen. „Arzneimittel gehören in die Hände von Fachleuten," ist Schmudermaier überzeugt.

Internet bei Medikamenten inakzeptabel
Die unkontrollierte Abgabe von Arzneimitteln gefährdet die Gesundheit und das Leben der Menschen. Neben Fälschungen werden über das Internet auch Substanzen vertrieben die weltweit verboten sind und Todesfolge haben können. „Dieser Vertriebsweg ist für uns im Interesse der Kunden völlig inakzeptabel, weil die Arzneimittelsicherheit nicht gegeben ist. Die AGES PharmMed leistet bereits einen wertvollen Beitrag zur Arzneimittelsicherheit. Dennoch müssen die Kontrollen unsicherer Vertriebswege weiter verstärkt werden", so Schmudermaier.

In Österreich spielen die Apotheken eine wichtige Rolle als Gesundheitsnah-versorger. Insgesamt beraten 4.700 Apothekerinnen und Apotheker mit abgeschlossenem Pharmaziestudium die Bevölkerung in Gesundheitsfragen. Die Beratungskompetenz ist eine der zentralen Leistungen der Apotheker. Sie erfolgt individuell und auf fachlich hohem Niveau. Rund die Hälfte der 1.216 Apotheken befindet sich am Land oder in Kleinstädten.

24 Versandhandel in Österreich grundsätzlich verboten. Da scheint die Welt noch in Ordnung. Aber auch in Österreich gibt es Schönheitsfehler.

Die Apotheken in Österreich verfügen laut Auskunft der Österreichischen Apothekerkammer über ein Selbstverständnis als Gesundheitsnahversorger[102] und werden in der medial veröffentlichten und öffentlichen Meinung als kompetente Gesundheitsberater angesehen.

Trotz dieser vorbildlichen Gesundheitspolitik ist die Arzneimittelversorgung auch in Österreich nicht frei von kleinen „Schönheitsfehlern". Denn der Versand ausländischer Apotheken an österreichische Konsumenten ist rechtlich gestattet, soweit die verschickten Arzneimittel in Österreich zugelassen sind und es sich um in Österreich rezeptfreie Arzneimittel handelt[103]. Diese Tatsache hat sich bereits eine österreichisch-deutsch-lettische Kooperation zunutze gemacht. Seit Dezember 2006 liefert eine kleine, in Riga ansässige, Apothekenkette verschreibungsfreie und neuerdings auch nicht erstattungsfähige, rezeptpflichtige Arzneimittel nach Österreich[104].

Dafür wird ein hoher logistischer Aufwand betrieben: Zunächst erhalten die lettischen Apotheken die in Österreich zugelassenen Originalprodukte als Bulkware per Luftfracht, dann werden die Bestellungen ausgeeinzelt und umverpackt um die Ware anschließend wieder nach Österreich zurückzuschicken.

[102] Vgl. Österreichische Apothekerkammer warnt vor Arzneimittelversand, http://www.apotheker.at/Internet/OEAK/NewsPresse_1_0_0a.nsf/webPages/7071DE

[103] Vgl. http://de.wikipedia.org/wiki/Apotheke#Versandapotheke%E2%80%9C%00%00.

[104] Vgl. Hollstein, Patrick: Finnland - Die Angst vor DocMorris, PZ online 23/2007, http://www.pharmazeutische-zeitung.de/index.php?id=3177.

- **Niederlande**

Die Niederlande sind die Heimat des medienpräsenten Arzneimittelversenders „DocMorris“, der es sich zum Ziel gesetzt zu haben scheint die stabilen Strukturen des deutschen Apothekenmarktes aufzubrechen. Die erst im Jahre 2000 gegründete Versandapotheke hat zügig eine Reihe von Mitbewerbern, auch aus dem eigenen Land, auf den Plan gerufen; beispielhaft zu nennen sei da die Europa Apotheek Venlo, die vielen aufgrund ihrer Zusammenarbeit mit der dm-Drogerie-Kette ein Begriff sein dürfte. In den als liberal bekannten Niederlanden ist der Versandhandel mit Arzneimitteln zugelassen, erreichte dort im Jahr 2002 jedoch lediglich einen Marktanteil von minimalen 0,01 %[105]. Da DocMorris überwiegend Kunden in Deutschland mit Arzneimitteln versorgt - nach eigenen Angaben wurden im allein ersten Halbjahr des Jahres 2006 schon 700.000 deutsche Kunden beliefert[106] - scheint sich der finanzielle Erfolg in den Niederlanden weiterhin in überschaubaren Grenzen zu halten.

- **Großbritannien[107]**

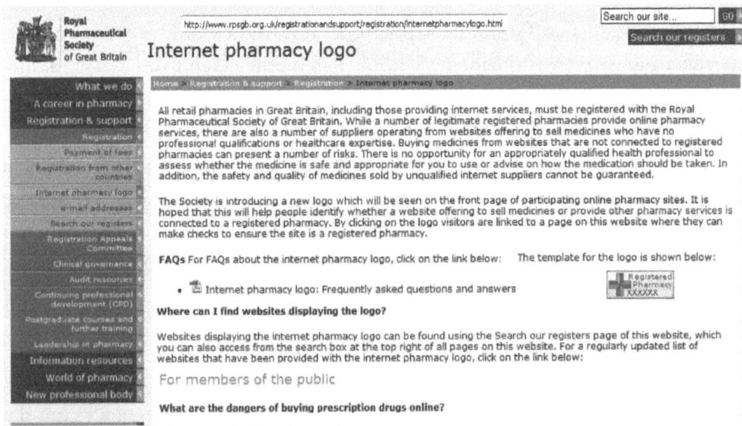

25 Großbritannien: Hier erhalten Versandapotheken ein offizielles Gütesiegel, wenn sie bestimmte Anforderungen erfüllen.

Neben den Niederlanden steht Großbritannien als einziges weiteres Land auf der

---

[105] Vgl. Bellartz, Thomas: Arzneiversand in den USA ist kein Vorbild für Deutschland, http://www.pharmazeutische-zeitung.de/fileadmin/pza/2002-41/titel.htm.

[106] Vgl. http://de.wikipedia.org/wiki/DocMorris.

[107] Die Abb. wurde aus mehreren web-Seiten zusammengesetzt

sog. „Länderliste" und ist somit berechtigt Arzneimittel nach Deutschland zu versenden.

Eine repräsentative Umfrage der britischen „Royal Pharmaceutical Society" (RPSGB) hat ergeben, dass zwei Millionen Briten, d.h. 3 % der Bevölkerung, Arzneimittel online kaufen, wobei knapp einem Drittel der Befragten keine für Online-Apotheken geltenden Vorschriften bekannt waren.

Dabei hat erst Anfang Januar 2008 die RPSGB ein Gütesiegel für Versandapotheken in Großbritannien eingeführt, anhand dessen sich Verbraucher beim Online-Kauf von Medikamenten zukünftig orientieren können sollen[108]. Anhand des Siegels garantiert die Apothekerkammer des Vereinigten Königreichs, dass die damit versehene Versandapotheke von einer öffentlichen Apotheke betrieben wird, keine Arzneimittel ohne Rezept abgibt und ordnungsgemäß registrierte Pharmazeuten beschäftigt, die die Patienten nach bestimmten Vorgaben beraten. Durch die hoheitliche Überwachung unterscheidet sich das britische Gütesiegel in seiner Qualität und Autorität somit deutlich von dem in Deutschland durch den BVDVA (Bundesverband der Deutschen Versandapotheken) eingeführten Siegel für Versandapotheken: Sein Erhalt ist nämlich nicht an eine Verbandsmitgliedschaft gebunden und hat mehr oder weniger nur symbolischen Wert, da der BVDVA lediglich dem Träger das Siegel entziehen kann, ohne zu einer echten (berufsrechtlichen) Ahndung von Verstößen berechtigt zu sein[109].

- **Skandinavien**

In den skandinavischen Ländern ist die Handhabung des Arzneimittelversandhandels von Land zu Land unterschiedlich. Während er in Schweden im Jahr 2002 erlaubt wurde, ist der Versandhandel mit Arzneimitteln beispielsweise in Finnland weiterhin prinzipiell verboten. Um dieses Verbot zu umgehen wählen offenbar einige Versandapotheken den Umweg über die Belieferung aus dem Ausland.

Finnischen Fachkreisen zufolge soll die Versandapotheke „DocMorris" planen, gemeinsam mit dem Unternehmen „Net Apteekki" die finnischen Verbraucher

[108] Vgl. Großbritannien - Kammer zertifiziert Versandapotheken, http://www.apotheke-adhoc.de/index.php?m=1&id=1644.

[109] Vgl. Hollstein, Patrick: Versandapotheken - Werben mit dem Gütesiegel, PZ 21/2007, http://www.pharmazeutische-zeitung.de/index.php?id=3113&type=4.

von Estland aus mit Arzneimitteln zu versorgen[110], obwohl der Arzneiversandhandel in Estland ebenfalls verboten ist.

Der grenzüberschreitende Arzneiversand scheint ein beliebtes juristisches Schlupfloch zu sein, um die Lücken der nationalen Gesetze auszunutzen. So nimmt sich beispielsweise eine zypriotische Versandapotheke bereits der „Versorgung von norwegischen Patienten mit Medikamenten“ an[111].

- **Tschechien**[112]

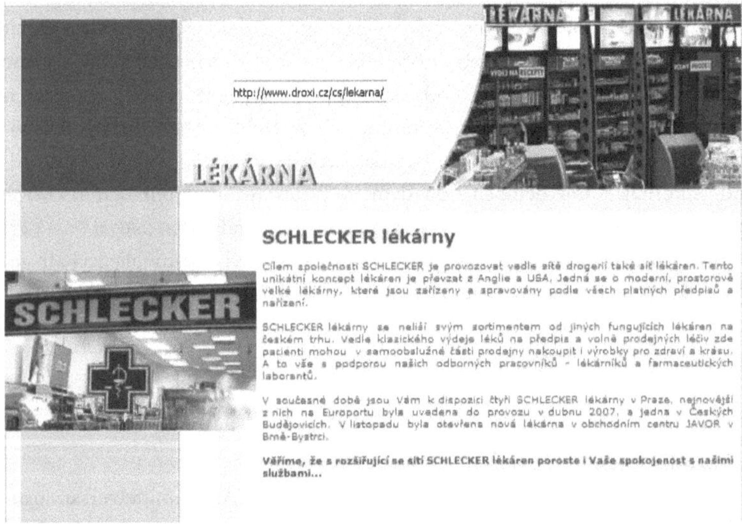

26 Schlecker-Arzneiversand in Tschechien: Die Übung für den Einstieg in Deutschland?

Bisher hatte es den Anschein, als würde sich der Versandhandel mit Arzneimitteln in der Tschechischen Republik finanziell nicht lohnen. So klagte „Europharm“, die größte Apothekenkette Tschechiens, dass wiederholt Kunden ihre bestellte Ware nicht von der Post abholen würden. Das tschechische Recht sieht in diesem Fall vor, dass die nicht angenommenen Produkte nicht mehr weiter verkauft werden

[110] Vgl. Hollstein, Patrick: Finnland - Die Angst vor DocMorris, PZ online 23/2007, http://www.pharmazeutische-zeitung.de/index.php?id=3177.

[111] Vgl. Hollstein, Patrick: Finnland - Die Angst vor DocMorris, PZ online 23/2007, http://www.pharmazeutische-zeitung.de/index.php?id=3177.

[112] Die Abb. wurde aus mehreren web-Seiten zusammengesetzt

dürfen, sondern ausnahmslos zu vernichten sind. Im Zuge einer Strategieänderung plant „Europharm" nun offenbar für das Jahr 2008 den Einstieg ins Online-Versandgeschäft[113]. So soll beispielsweise eine Homepage eingerichtet werden, auf der die Verbraucher zunächst Nahrungsergänzungsmittel und andere Produkte, für die keine derart strengen Rücknahmebestimmungen gelten, bestellen können.

Andere tschechische Anbieter sind bereits im Medikamentenversand aktiv, so die aus den Kaufland-Apotheken hervorgegangene Kette „Dr. Max" und die tschechische Tochter des „Schlecker"-Konzerns „Droxi", die nicht nur über Arzneimittelschalter in vielen Drogeriefilialen verfügt, sondern auch rund 600 OTC- und Freiwahlprodukte über einen Webshop anbietet[114]. Schlecker scheint in Tschechien schon für den Einstieg in den deutschen Markt „geübt" zu haben, aber offensichtlich nicht ausreichend[115].

113 Vgl. Tschechische Republik - Phoenix-Kette will versenden, 21. Nov. 2007, http://www.apotheke-adhoc.de/index.php?m=1&showPage=1&id=1268.

114 Vgl. Versandapotheke - Schlecker versendet in Tschechien, 10. Oktober 2007, http://www.apotheke-adhoc.de/index.php?m=1&showPage=1&id=913.

115 http://www.welt.de/wirtschaft/article1659764/Schlecker_verkauft_vorerst_keine_Tabl etten.html

International

Um einen globalen Überblick zu gewinnen, soll anhand der Beispiele USA, Russland und Australien ein Eindruck vermittelt werden, welchen Stellenwert der Versandhandel mit Arzneimitteln international einnimmt und wie sich dies auf das jeweilige Gesundheitssystem auswirkt.

- **USA**

27 Vorreiter USA: Nicht nachgewiesen, dass der Versandhandel zu Einsparungen führt.

Anders als in Europa ist der Versandhandel mit Arzneimitteln in den USA bereits seit 1946 gesetzlich gestattet und seit mittlerweile 40 Jahren fest etabliert. Dort wird die ambulante Versorgung mit Medikamenten von sog. „Pharmacy Benefit Managern“ (PBM), einer Form von Apothekenketten, übernommen, deren Marktanteil mehr als 40 % beträgt[116]. De facto wird der Apothekenmarkt von drei dieser großen Unternehmen beherrscht. Zu diesen Marktführern zählt u. a. der Apothekenbetreiber „Walgreens“, der die Amerikaner inzwischen seit mehr als 100 Jahren

[116] Vgl. Tigges, Claus: Allein, in Ketten oder im Netz, FAZ Nr. 188, 15.08.2006, http://www.faz.net/s/RubEC1ACFE1EE274C81BCD3621EF555C83C/Doc~EB1A4B44613314E3AA7D46C379AB72F61~ATpl~Ecommon~Scontent.html.

mit Arzneimitteln versorgt. Die PBMs stellen Medikamentenlisten auf, an denen sich die Ärzte bei ihren Verordnungen orientieren und die Patienten zahlen auf die gelisteten Arzneimittel eine gestaffelte Selbstbeteiligung. Die Arzneimittelpreise werden zwischen den PBMs und den Pharmaunternehmen ausgehandelt.

Für einzelne Medikamente hingegen betreiben die PBMs eigene Versandapotheken und erreichen damit einen Marktanteil von etwa 12 %. Das Versandsortiment der amerikanischen Versandapotheken umfasst erstaunlicherweise im Schnitt nur 20 bis 25 Arzneimittel. Trotz der finanziellen Anreize, mit denen die Kunden geködert werden sollen, hat sich der Marktanteil der Versandapotheken in den letzten 40 Jahren nicht signifikant verändert. Die Vergrößerung des Versandhandels wurde hauptsächlich durch die verstärkte Nutzung des Internets angetrieben. Allerdings ist bis heute nicht nachgewiesen, dass der Versandhandel tatsächlich zu erheblichen Einsparungen führt, vielmehr kann davon ausgegangen werden, dass er lediglich die Marktstrukturen auf der Vertriebsebene - auf Kosten der unabhängigen Apotheken und zu Gunsten großer Apothekenketten - verändert hat[117].

Schon im Jahr 2002, im Rahmen der Debatte über die sich anbahnende Zulassung des Versandhandels in Deutschland, hatte eine vergleichende internationale Studie des Beratungshauses Cap Gemini Ernst & Young ergeben, dass der Versandhandel in den USA zu Unrecht gelobt wird und kein Vorbild für Deutschland darstellt[118].

Abgesehen von der dürftigen finanziellen Rentabilität, bereitet der Versandhandel aus dem Ausland auch den Vereinigten Staaten einige Unannehmlichkeiten. Denn obwohl der Erwerb verschreibungspflichtiger Arzneimittel aus dem Ausland in den USA rechtlich untersagt ist, bestellen sich viele - vor allem ältere - Amerikaner ihre verordneten Medikamente auf diesem illegalen Weg bei kanadischen Internetapotheken[119]. Im staatlich überwachten Gesundheitswesen Kanadas gelten feste Preisvorschriften, die es den Versandapotheken erlauben Medikamente erheblich billiger anzubieten. In vielen Fällen ergibt sich im Vergleich zum amerikanischen Markt ein Preisvorteil von bis zu 60 %. Um die gesetzliche Vorschrift einzuhalten, dass kanadische Apotheken nur Rezepte beliefern dürfen, die von einem in Kanada zugelassenen Arzt ausgestellt wurden, griffen einige Internetapotheken zu frag-

[117] Vgl. Bellartz, Thomas: Arzneiversand in den USA ist kein Vorbild für Deutschland, http://www.pharmazeutische-zeitung.de/fileadmin/pza/2002-41/titel.htm.

[118] Vgl. Bellartz, Thomas: Arzneiversand in den USA ist kein Vorbild für Deutschland (2002), http://www.pharmazeutische-zeitung.de/fileadmin/pza/2002-41/titel.htm.

[119] Vgl. Tigges, Claus: Allein, in Ketten oder im Netz, FAZ Nr. 188, 15.08.2006, http://www.faz.net/s/RubEC1ACFE1EE274C81BCD3621EF555C83C/Doc~EB1A4B44613314E3AA7D46C379AB72F61~ATpl~Ecommon~Scontent.html.

würdigen Methoden: Sie stellten eigens Mediziner zu dem Zweck an, die amerikanischen Rezepte ihrer Kunden auf ein kanadischen Formular zu übertragen[120].

- **Russland**

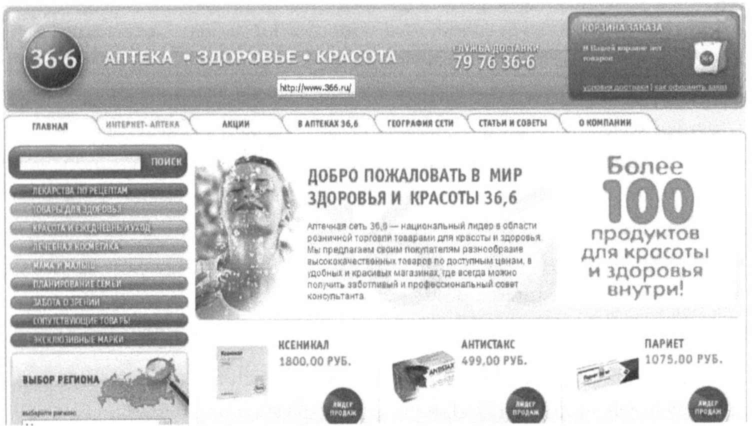

28 Russischer Arzneiversand wurde durch die Regierung eingeschränkt. Dafür blüht der Schwarzmarkt mit der Gefahr von gefälschten Arzneimitteln.

Vorab muss daran erinnert werden, dass das russische Gesundheitssystem seit mehr als einem Jahrzehnt von einem besorgniserregenden Versorgungsdefizit geprägt ist. So beliefen sich die Gesundheitsausgaben im Jahr 2004 pro Einwohner auf lediglich 108 US-Dollar (zum Vergleich: in Deutschland 1742 US-Dollar pro Kopf)[121]. Die Absicherung durch die Sozialversicherung beschränkt sich im Krankheitsfall im Wesentlichen auf die ärztliche Behandlung, Kosten für Arzneimittel werden im Regelfall nicht übernommen. Und das, obwohl die Preise für Medikamente - maßgeblich bewirkt durch die Einführung der 10 %igen Mehrwertsteuer im Jahr 2002 - stetig steigen. Da keine Preisbindung für Arzneimittel existiert, sind deutliche Preisunterschiede in Abhängigkeit von Vertriebsweg und Region zu verzeichnen. Da reicht die Preisspanne im Beispiel von 20 Tabletten

[120] Vgl. Tigges, Claus: Allein, in Ketten oder im Netz, FAZ Nr. 188, 15.08.2006, http://www.faz.net/s/RubEC1ACFE1EE274C81BCD3621EF555C83C/Doc~EB1A4B44613314E3AA7D46C379AB72F61~ATpl~Ecommon~Scontent.html.

[121] Vgl. Gramkow, Tanja/Schümann, Christoph: Pharmazie in Russland - Blick über Grenzen (2005), http://www.pharmazeutische-zeitung.de/fileadmin/pza/2005-07/titel.htm.

Acetylsalicylsäure von 136 Rubel (ca. 3,83 Euro) in dem industriell geprägten Kirov-Gebiet bis zu 51,8 Rubel (ca. 1,46 Euro) in einer Moskauer Versandapotheke[122]. Für die sozial schwache Bevölkerung, darunter vor allem Rentner, sind hochpreisige Arzneimittel in Apotheken unter normalen Umständen unerschwinglich. Dies machen sich zum einen Internetapotheken zunutze, die mit kostenloser Zustellung und Sonderkonditionen werben, deren Tätigkeit allerdings mit Wirkung vom 6. Februar 2002 durch die russische Regierung eingeschränkt wurde. Um nicht gänzlich auf eine Arzneimitteltherapie zu verzichten sehen sich daher viele Russen genötigt die Angebote des Schwarzmarktes in Anspruch zu nehmen, obwohl sie dabei Gefahr laufen, mit einer Wahrscheinlichkeit von 10-15 % an Fälschungen zu geraten; hochpreisige Medikamente sollen zu 75-90 % gefälscht sein. Nach offiziellen, nicht überprüfbaren, Schätzungen beläuft sich der jährlich steigende Umsatz mit gefälschten Medikamenten in Russland derzeit auf eine Summe von ca. 260 Mio. Rubel (ca. 70 Mio. Euro). Zumeist stammen die Arzneimittelfälschungen angeblich aus Indien, Bulgarien oder Polen, obwohl bekannt ist, dass sich frühere pharmazeutische und chemische Staatsbetriebe vor Ort auch auf die Herstellung von Fälschungen spezialisiert haben. Die öffentlichen Apotheken sehen sich bedauerlicherweise außer Stande die Bevölkerung gänzlich vor Fälschungen zu schützen, da die obligatorischen, von Gebiets-, Kontroll- und Analyselaboratorien ausgestellten Zertifikate keine ausreichende Sicherheit gewährleisten.

[122] Vgl. Gramkow, Tanja/Schümann, Christoph: Pharmazie in Russland - Blick über Grenzen (2005), http://www.pharmazeutische-zeitung.de/fileadmin/pza/2005-07/titel.htm.

- **Australien**

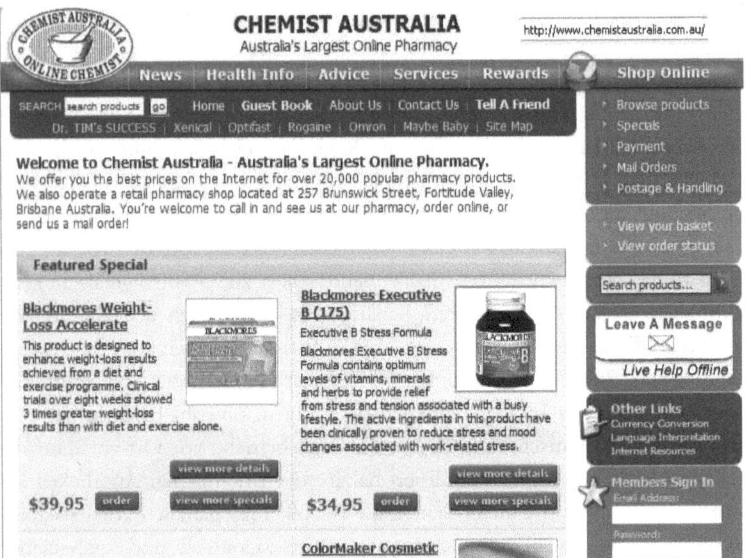

29 Arzneiversand in Australien wird immer stärker genutzt, vor allem in dünn besiedelten Regionen.

Das australische Gesundheitswesen ist von den Systemen Englands und der USA beeinflusst und enthält Elemente beider Systeme. Wie in Großbritannien beispielsweise sichert ein steuerfinanziertes „National Health System" (NHS, Medicare) jedermann gegen die Kosten für ärztliche Behandlung, Krankenhausaufenthalte und Medikamentenbedarf ab[123].

In Australien sind nur 4.000 bis 5.000 Arzneimittel im Handel, welche in acht verschiedene Kategorien eingeteilt werden. Neben den in Deutschland bekannten Kategorien freiverkäuflicher, apothekenpflichtiger und verschreibungspflichtiger Arzneimittel gibt es zusätzlich eine Kategorie beratungspflichtiger Arzneimittel, bei denen es sich um ehemals verschreibungspflichtige Arzneimittel handelt, welche die Behörden nur eingeschränkt für den freien Verkauf zulassen (z.B.

[123] Vgl. Manning, Robert/Schümann, Christoph: Pharmacy Down Under - Das australische Gesundheitswesen auf dem Weg zur Zukunft, DAZ 36/2003 vom 04.09.2003, http://www.deutscher-apotheker-verlag.de/cgi-bin/daz/show.cgi?show=/intern/daz/03.

Salbutamol, einige Antihistaminika und Antiphlogistika)[124]. Nur dem Apotheker ist es gestattet diese nach eingehender Beratung und Einweisung an den Patienten abzugeben. In Australien gibt es keine gesetzlich vorgeschriebenen Beipackzettel, so dass jedes Medikament, das in australischen Apotheken abgegeben wird, zuvor durch einen Apotheker einen Aufkleber mit Arzneimittelinformationen und Anwendungshinweisen erhalten muss[125]. Neben Apotheken führen auch Supermärkte, Tankstellen und Cafés Arzneimittel. Dort sind u. a. „kleine Analgetika" (z.B. ASS, Paracetamol), Nasentropfen, Hustensäfte, Abführmittel und Einreibungen in kleinen Packungen erhältlich, woran eine Tendenz des australischen Gesundheitswesens zur Aufweichung der Apothekenpflicht erkennbar ist.

Der Versandhandel mit Arzneimitteln spielt bisher eine noch untergeordnete Rolle und kommt vor allem in abgelegenen Gebieten (Flächenstaaten) zum Einsatz. In den meisten Bundesstaaten versorgt eine öffentliche Apotheke etwa 4.000 Einwohner; in dünn besiedelten Gebieten allerdings kann das Einzugsgebiet einer Apotheke durchaus 1.000 km entfernte Ortschaften einschließen, in die die Medikamente dann per apothekeneigenem Flugzeug transportiert werden müssen. Die Öffnungszeiten der Apotheken sind keinem Ladenschlussgesetz unterworfen, so dass einige Apotheken an sieben Tagen und Nächten die Woche durchgehend geöffnet haben, andere dagegen nur zwischen 8 und 19 bzw. 21 Uhr dienstbereit sind[126]. Anstelle eines geregelten Notdienstes übernehmen in Großstädten sog. Nacht-Apotheken und Krankenhäuser die Notversorgung der Bevölkerung.

Der Arzneimittelversand ist seit 1998 erlaubt und wird von der ländlichen Bevölkerung, die traditionell viele Waren über den Versand bezieht, in wachsendem Maße genutzt. Indessen hat sich der Versandhandel, insbesondere in dünn besiedelten Regionen, als existenzbedrohende Konkurrenz für die öffentlichen Apotheken erwiesen, die mit nur 20 % ihres Sortimentes 80 % des Umsatzes erwirtschaften. Als Beleg dafür dient die, seit Jahren rückläufige Zahl der öffentlichen Apo-

[124] Vgl. Manning, Robert/Schümann, Christoph: Pharmacy Down Under - Das australische Gesundheitswesen auf dem Weg zur Zukunft, DAZ 36/2003 vom 04.09.2003, http://www.deutscher-apotheker-verlag.de/cgi-bin/daz/show.cgi?show=/intern/daz/03.

[125] Vgl. Morck, Hartmut: Pharmazie in Australien - Apotheken bestimmen den Arzneimittelmarkt, PZ 45/2003, http://www.pharmazeutische-zeitung.de/fileadmin/pza/2003-45/titel.htm.

[126] Vgl. Morck, Hartmut: Pharmazie in Australien - Apotheken bestimmen den Arzneimittelmarkt, PZ 45/2003, http://www.pharmazeutische-zeitung.de/fileadmin/pza/2003-45/titel.htm.

theken, welche sich seit 1990 von 5625 auf 4925 im Jahre 2002 verringert hat[127].

Weder die Einführung des Versandhandels vor zehn Jahren noch die Einschränkung der Apothekenpflicht konnten bisher etwas an der als wirtschaftlich bedrohlich angesehenen Ausgabenentwicklung im australischen Gesundheitswesen (z.B. im Jahr 2001: pro Kopf 2211 US-Dollar, d.h. 8,5 % des BIP) ändern[128]. Neuerdings sollen in Supermärkte integrierte Apotheken, eine Freigabe des, bislang vollständig verbotenen, Fremdbesitzes und ein vom Preis unabhängiger Fixzuschlag, Abhilfe schaffen. Obwohl der angestrebte Erfolg auch damit wohl nicht zu erreichen sein wird, darf es als sicher angenommen werden, dass sich die Zahl öffentlicher Apotheken dadurch weiter verringern wird.

Kampf gegen die Schattenseiten des Versands

Dieser Überblick demonstriert in aller Deutlichkeit, dass im Grunde jede Industrienation mit den Schattenseiten des Versandhandels zu kämpfen hat: Verdrängungswettbewerb, Einfallstor für Arzneimittelfälschungen und schlichte Unkontrollierbarkeit. Selbst den USA gelingt es nicht den illegalen Internethandel aus dem Nachbarland Kanada zu unterbinden. Die aktuelle Lage zeigt, dass ungeheure kriminelle Energien für die Umgehung geltender gesetzlicher Regelungen oder Ausnutzung von Gesetzeslücken mobilisiert werden, um in den lukrativen Handel mit Arzneimitteln einzusteigen. Dies lässt erahnen, welche Lawine über dem deutschen Arzneimittelmarkt im Falle einer vollständigen Liberalisierung hereinzubrechen droht. Der Ländervergleich offenbart ebenfalls, dass durch den Versandhandel bisher keinerlei nennenswerte Einsparungen für die Gesundheitssysteme erwirtschaftet werden konnten. Seinen einzigen Vorteil, die regelmäßige Belieferung schwer und chronisch kranker Patienten, kann der Arzneimittelversandhandel darüber hinaus auch nur in großflächigen Ländern - mit weiten, teilweise unbesiedelten Landstrichen - wie den USA, Russland und Australien entfalten. Im dichtbesiedelten Europa hingegen, welches über eine lückenlose Infrastruktur und eine

[127] Vgl. Manning, Robert/Schümann, Christoph: Pharmacy Down Under - Das australische Gesundheitswesen auf dem Weg zur Zukunft, DAZ 36/2003 vom 04.09.2003, http://www.deutscher-apotheker-verlag.de/cgi-bin/daz/show.cgi?show=/intern/daz/03.

[128] Vgl. Manning, Robert/Schümann, Christoph: Pharmacy Down Under - Das australische Gesundheitswesen auf dem Weg zur Zukunft, DAZ 36/2003 vom 04.09.2003, http://www.deutscher-apotheker-verlag.de/cgi-bin/daz/show.cgi?show=/intern/daz/03.

breite Landschaft von Präsenzapotheken verfügt, die die Arzneimittelversorgung der Bevölkerung gewährleistet, macht der Versandhandel im Lichte der Nachteile für die Arzneimittelsicherheit schlichtweg keinen Sinn.

veröffentlicht in: *Deutsche Apotheker Zeitung* (12/2008), S. 64-83,

Abdruck erfolgt mit freundlicher Genehmigung des Deutschen Apotheker Verlags

Lebenslauf

Name: Janna Kristina Ruth Schweim

Wohnort: Mevissenstrasse 8, 50668 Köln

Geburtsdatum: 3. Januar 1982

Geburtsort: 22872 Wedel (Schleswig-Holstein)

Eltern: Prof. Dr. Harald G. Schweim, Universität Bonn
Ruth Schweim, geb. Gerdsen, Apothekerassistentin

Bruder: Hauke-Harald Erik Schweim, geb. 16. August 1977

Staatsangehörigkeit: deutsch

Familienstand: ledig

Schulausbildung: *August 1988 bis Juni 1992:*
Grundschule Friedrich-Ebert, Elmshorn
August 1992 bis Juni 1997:
Bismarck-Gymnasium Elmshorn
August 1997 bis April 1999:
Erich-Kästner-Gymnasium, Köln
April 1999 bis Juni 2001:
Gymnasium Kreuzgasse, Köln

Schulabschluss: Abitur: *23. Juni 2001*

Hochschulstudien: *Oktober 2001 bis Februar 2007:*
Studium der Rechtswissenschaften,
Universität zu Köln
März 2008 bis März 2009:
Masterstudium Consumer Health Care,
Charité Universitätsmedizin, Humboldt-Universität Berlin

Hochschulabschlüsse: 1. Juristisches Staatsexamen: *12. Februar 2007*
Diplomjuristin: Urkunde vom *3. April 2007*

Master of Science (M. Sc.): Verteidung am *17. März 2009* und Urkunde vom *1. Oktober 2009*

Sprachkenntnisse: Englisch (9 Jahre): gut bis sehr gut in Wort und Schrift – Sprachzertifikat APIEL

Französisch (7 Jahre): befriedigend bis gut

Latein (4 Jahre)

Spanisch (2 Semester): Grundkenntnisse

Computerkenntnisse: Word 2007

Excel 2007

PowerPoint 2007

Auslandsaufenthalte: *Juli 1997:*

dreiwöchige Sprachferien in Wadhurst (East Sussex), United Kingdom

Februar bis April 1999:

Schüleraustausch mit Nelson, Neuseeland

Freiwillige Praktika: *30. März bis 3. April 1998:*

Bundeszentrale für gesundheitliche Aufklärung (BzgA)

26. Juli bis 30. Juli 1999:

Deutsche Gesellschaft für Regulatory Affairs (DGRA)

3. Juli bis 21. Juli 2000:

Gesellschaft für Publizistik, Sozialforschung und

Kommunikation mbH (GfP), Köln

9. Juli bis 20. Juli 2001:

Deutsche Welle (DW), Köln - Deutsches Programm

6. August bis 17. August 2001:

Anwaltskanzlei Sträter, Bonn

27. August bis 7. September 2001:

Deutsche Welle (DW), Köln – Verwaltungsdirektion

Juristische Praktika: *17. Februar bis 28. März 2003:*

Anwaltspraktikum in der Anwaltskanzlei Sträter, Bonn

9. Februar bis 19. März 2004:

Verwaltungspraktikum im Polnischen Registrierungsamt für Arzneimittel, Medizinprodukte und Biozide, Warschau

Berufliche Tätigkeiten: *August 1999 bis Dezember 1999:*

Büroaushilfe bei der Deutschen Gesellschaft für medizinische Informatik, Biometrie und Epidemiologie (GMDS)

August 2005 bis März 2007:

Studentische Hilfskraft am Lehrstuhl für Drug Regulatory Affairs, RFW-Universität Bonn

März 2007 bis Dezember 2008:

Wissenschaftliche Hilfskraft am Lehrstuhl für Drug Regulatory Affairs, RFW- Universität Bonn

seit Januar 2009:

Rechtsreferendarin am Landgericht Aachen

Veröffentlichungen: *J.K. Schweim und H.G. Schweim*, "Versandapotheken in Deutschland", Deutsche Apotheker Zeitung, 47, 53 - 56, (2007).

J.K. Schweim und H.G. Schweim, "Krankenkassen werben für Internetapotheken", Deutsche Apotheker Zeitung, 35, 49 - 53, (2007).

J.K. Schweim und H.G. Schweim, „Länderbeispiele zum Europäischen und Internationalen Versandhandel mit Arzneimitteln", Deutsche Apotheker Zeitung, 13, 64 -83 (2008)

J.K. Schweim und H.G. Schweim, "Aktuelle Ausmaße des Medikamenten-Pick-ups", Deutsche Apotheker Zeitung, 45, 62 - 64 (2008).

J.K. Schweim und H.G. Schweim, "Potenzmittel per E-Mail–Spam " Deutsche Apotheker Zeitung, 49, 69 - 74 (2008).

J.K. Schweim und H.G. Schweim, "Versandhandel und Arzneimittelfälschungen", Medizinische Klinik, 2 (104), 163 - 169 (2009).

V. Plate, C. Behles, H. Blasius, J.K. Schweim and H. G. Schweim, „Nicht zugelassene Arzneimittel: Maßnahmen zur Minimierung der Risiken", Deutsche Medizinische Wochenschrift,134, 944 - 948 (2009).

J.K. Schweim und H.G. Schweim, „Zweifel an der Rechtskonformität des DIMDI Siegels", Deutsche Apotheker Zeitung, 24, 74 - 75 (2009)

J.K. Schweim und H.G. Schweim, „Neue Sumpfblüte des Online-Versandhandels", Deutsche Apotheker Zeitung, 30, 42 - 45 (2009)

Vorträge:

„Untersuchung zum Arzneimittelversandhandel aus Verbrauchersicht – Auswertung von Internetforen",

8. Jahrestagung des Masterstudienganges Consumer Health Care, *10. Oktober 2008* in Berlin

„Rechtliche Rahmenbedingungen für die Beantragung und Durchführung klinischer Studien",

Weiterbildung für Studienassistenten, Bildungsakademie am Universitätsklinikum Essen,

02.12.2008 und *04.11.2009* in Essen

„Erfahrungsbericht – Unterschiede zwischen einem traditionellen akademischen Studiengang und einem nicht-konsekutiven Masterstudium",

Rotary Club Bonn-Rheinbach, *17.11.2009*

Weiterbildender Masterstudiengang Consumer Health Care

Der weiterbildende Masterstudiengang Consumer Health Care wurde im März 2001 an der Humboldt-Universität Berlin ins Leben gerufen und ist inzwischen an der Charité - Universitätsmedizin Berlin angesiedelt. Die staatliche Anerkennung erfolgte 2004 mit der Akkreditierung, im Jahre 2009 wurde der Studiengang erfolgreich reakkreditiert. Neben dem Master of Science kann auch das international anerkannte Diploma Supplement erworben werden.

Das Weiterbildungsstudium befasst sich mit den Bedürfnissen der Verbraucher von Gesundheitsprodukten, insbesondere von Arzneimitteln, und untersucht die Entwicklung von Gesundheitsmärkten und deren Wandlungsprozesse unter rechtlichen, pharmakoepidemiologischen und gesundheitsökonomischen Aspekten. Es richtet sich an Mitarbeiter der pharmazeutischen Industrie, Krankenkassen, Consulting-Unternehmen und Verbände sowie an Berufsanfänger, vorzugsweise an Absolventen eines Studiums der Medizin oder Pharmazie oder anderer für Consumer Health Care relevanten Studienfächer wie beispielsweise Wirtschafts-, Rechts-, Ernährungs-, Gesundheits- oder Pflegewissenschaften, Biologie, Chemie, Soziologie, Psychologie, Sozialpädagogik u. ä.

Ziel des Studiums ist der Erwerb und die Weiterentwicklung von Kenntnissen und Fertigkeiten, die bei einer Tätigkeit in der verbraucherorientierten Gesundheits- und Arzneimittelversorgung erforderlich sind, wobei auf ein fächer- und sektorübergreifendes Denken besonderer Wert gelegt wird. Zu den inhaltlichen Schwerpunkten gehören die gesetzlichen Grundlagen einer verbraucherorientierten Arzneimittelversorgung, Pharmakoepidemiologie und Pharmakovigilanz, Gesundheitsökonomie und Gesundheitsmanagement sowie Qualitätssicherung und ethische Aspekte der Arzneimittelversorgung. Weiterhin soll das Ergänzungsstudium eine Plattform für die Konsensfindung zwischen allen Partnern bilden, die an der gesundheitlichen Betreuung teilnehmen. Didaktisch steht eine integrative Wissensvermittlung im Vordergrund, die das jeweilige grundständige Studium der Teilnehmer ergänzt. Die Absolventen erwerben eine zusätzliche Qualifikation und sind damit für leitende Aufgaben im Bereich der Arzneimittelversorgung besonders geeignet.

Das berufsbegleitende Studium setzt sich aus fünf 14-tägigen Präsenzmodulen mit Vorlesungen, Seminaren, Debatten und dem zwischenzeitlichen Selbststudium zusammen. Die Dozenten kommen sowohl aus dem universitären bzw. akademischen Bereich als auch aus der Wirtschaft.

Die Veranstaltungen finden zweimal pro Semester als 14-tägige Blockveranstaltungen statt, d. h. drei pro Jahr und insgesamt fünf. Der Studienort ist Berlin-Mitte. Die Studiendauer beträgt vier Semester und gliedert sich in ein dreisemestriges Fachstudium mit Klausuren am Ende der jeweiligen Präsenzveranstaltungen plus ein Semester für die Masterarbeit. Parallel zum Studium sind zwei Projektarbeiten zu schreiben. Die Teilnahme an den Modulen kann entsprechend der individuellen beruflichen und familiären Situation flexibel gestaltet werden, wodurch die Studienzeit sich gegebenenfalls entsprechend verlängert. Für die erfolgreiche Teilnahme (bestandene Klausuren sowie zwei akzeptierte Projektarbeiten) wird ein Zertifikat vergeben. Für Teilnehmer, die darüber hinaus den Mastertitel anstreben, ist eine schriftliche Abschlussarbeit (Masterarbeit) vorzulegen und in einer mündlichen Prüfung öffentlich zu verteidigen. Der Mastertitel kann jedoch nur erworben werden, wenn durch den Hochschulabschluss des grundständigen Studiengangs 240 Credit Points nachgewiesen werden können. Verliehen wird der Titel „Master of Science“.

Der Studiengang ist als Bildungsurlaub laut Berliner Bildungsurlaubsgesetz (BiUrlG) vom 24. Oktober 1990 (GVBl. S. 2209) § 11 anerkannt.

Weitere Informationen finden Sie auf der Homepage des Studiengangs www.consumer-health-care.de

Abonnement

Hiermit abonniere ich die **Schriftenreihe Masterstudiengang Consumer Health Care (ISSN 1869-6627),** herausgegeben von Prof. Dr. Marion Schaefer,

❒ ab Band # 1

❒ ab Band # ___

❒ Außerdem bestelle ich folgende der bereits erschienenen Bände:

#___, ___, ___, ___, ___, ___, ___, ___, ___, ___, ___, ___

❒ ab der nächsten Neuerscheinung

❒ Außerdem bestelle ich folgende der bereits erschienenen Bände:

#___, ___, ___, ___, ___, ___, ___, ___, ___, ___, ___, ___

❒ 1 Ausgabe pro Band ODER ❒ ___ Ausgaben pro Band

Bitte senden Sie meine Bücher zur versandkostenfreien Lieferung innerhalb Deutschlands an folgende Anschrift:

Vorname, Name: ______________________________

Straße, Hausnr.: ______________________________

PLZ, Ort: ______________________________

Tel. (für Rückfragen): ______________ *Datum, Unterschrift:* ______________

Zahlungsart

❒ *ich möchte per Rechnung zahlen*

❒ *ich möchte per Lastschrift zahlen*

bei Zahlung per Lastschrift bitte ausfüllen:

Kontoinhaber: ______________________________

Kreditinstitut: ______________________________

Kontonummer: ______________ Bankleitzahl: ______________

Hiermit ermächtige ich jederzeit widerruflich den ***ibidem***-Verlag, die fälligen Zahlungen für mein Abonnement der **Schriftenreihe Masterstudiengang Consumer Health Care** von meinem oben genannten Konto per Lastschrift abzubuchen.

Datum, Unterschrift: ______________________________

Abonnementformular entweder **per Fax** senden an: **0511 / 262 2201** oder 0711 / 800 1889
oder als **Brief** an: ***ibidem***-Verlag, Julius-Leber Weg 11, 30457 Hannover oder
als e-mail an: ibidem@ibidem-verlag.de

ibidem-Verlag

Melchiorstr. 15

D-70439 Stuttgart

info@ibidem-verlag.de

www.ibidem-verlag.de
www.ibidem.eu
www.edition-noema.de
www.autorenbetreuung.de

Zeitfracht Medien GmbH
Ferdinand-Jühlke-Straße 7
99095 Erfurt, Deutschland
produktsicherheit@kolibri360.de